BLOEMDECORATIES VAN WEEK TOT WEEK

Kruidige geuren hangen boven deze drie composities (beschrijving op blz. 91 en 92).

BETTY KESSING

VAN WEEK TOT WEEK BLOEM*decoraties*

Fotografie:
GERHARD WITTEVEEN

Van Dishoeck

Inhoud

Inhoud

Voorwoord

Betty Kessing legt de laatste hand aan het werkstuk 'Een vogelvrije dame' (beschrijving blz. 78).

In het begin - hersenspinsels

Wat wil ik schrijven? Wat moet er echt in? Wat kun je allemaal niet schrijven over het decoreren van huis en tuin met bloemen, groen en alle andere materialen die de natuur ons biedt.
Ik wil het zo weergeven dat het voor u een uitdaging is om direct te beginnen. Dan ontkom je er niet aan om een aantal basistechnieken aan te leren. Zit de techniek eenmaal in het hoofd dan mogen de handen het verdere creatieve gevoel weergeven. U kunt zich uitleven in uw persoonlijke smaak, met uw budget en vooral met uw eigen fantasie.
Ook tips over de verzorging, de materiaalkeuze en waar u dat alles vandaan haalt, komen aan bod.
De mooiste werkstukken gun ik een tweede leven.
Kortom; een boek geschreven op de manier zoals ik nu al jaren cursussen geef: sfeerscheppend, voor ieders budget, duidelijk en het hele jaar door inspirerend.
Een boek dat er niet zou zijn geweest zonder de hulp van Ank, Els, Maaike, Sonia en Toos.
Een bijzonder woord van dank is op zijn plaats voor de directie en medewerkers van Veldzigt Home & Garden in Driebergen. Zij stelden hun sfeervolle verkoopruimte aan mij beschikbaar als tijdelijke fotostudio.

Alle stukken die ik maakte, hebben mij veel plezier verschaft en ik hoop dit plezier aan alle lezers door te geven.
Want plezier beleven aan het werken met bloemen is steeds de grootste drijfveer om iedere creatie tot een mooi einde te brengen.

In de materiaallijsten die bij ieder werkstuk vermeld staan heb ik mij strikt gehouden aan de door mij soms min of meer per toeval verwerkte bloemen en groensoorten. Maar het staat eenieder vrij, en ik juich het zelfs toe, om hiervoor alternatieven te gebruiken. Elk werkstuk zó gemaakt wint aan eigen identiteit.

Betty Kessing

Week 1

Kransen voor onze gevederde vriendjes

Eenmaal winter, is het zoeken van voedsel moeizaam voor vogels en eekhoorns. Graag helpen we ze met wat extra's, zeker als dat ook nog onze buitengevel siert.
Onze oude kerstkrans geven we zo een nieuw uiterlijk (zaadbollenkrans) maar helemaal nieuw maken is net zo leuk (pindakrans en krans met vetbollen).

Zaadbollenkrans

Werkwijze
Snijd het brood in vierkantjes en bundel ze met raffia.
Zet op de oude kerstkrans de bundeltjes brood vast met krammen en steek de zaadbollen ertussen.

Zaadbollenkrans.

MATERIAAL
oude kerstkrans
12 sneetjes brood
16 draden raffia
20 krammen van 4 cm
zaadbollen (zelfgemaakt of kant-en-klaar gekocht bij een diervoederwinkel of tuincentrum)

Week 1

Pindakrans

MATERIAAL

strokrans, middellijn 30 cm
breed kunststof tape of van een plastic vuilniszak geknipte stroken van ca. 8 cm breed
1 krammetje
1 bloemendraad nr. 10
1 kg ongebrande pinda's
lijmpistool met lijmpatronen
20 takjes grove den (Pinus sylvestris)

Werkwijze

Omwikkel de krans met breed kunststof tape of stroken van een vuilniszak. Zet het einde hiervan vast met een krammetje.
Steek de bloemendraad door de krans en maak hiervan een ophanglusje.
Lijm alle pinda's met het lijmpistool vast op de krans of rijg de pinda's aan snoeren en wikkel de pindasnoeren dan om de krans. U heeft in dat geval iets meer pinda's nodig.
Lijm tussen de pinda's wat grove den.

Krans met vetbollen

MATERIAAL

strokrans, middellijn 60 cm
breed kunststof tape of van een plastic vuilniszak geknipte stroken van ca. 8 cm breed
50 krammen van 4 cm
1 bloemendraad nr. 10
klimop (Hedera) of laurierblad (Prunus)
7 vetbolletjes
7 terracotta potjes
7 krammen van 8 cm
1 zakje trosgierst
kleine objecten: appeltjes, dennenappels, hazelnoten, gedroogde graanhalmen
lijmpistool met lijmpatronen
satéstokjes
kant-en-klaar gekochte zaadbollen of -zakjes
zaaddozen van het juffertje-in-'t-groen (Nigella)
decoratieve vogeltjes

Werkwijze

Omwikkel de krans met breed kunststof tape of stroken van een vuilniszak. Zet het uiteinde vast met een kram.
Steek de bloemendraad door de krans en maak hiervan een ophanglusje.
Leg het klimop- of laurierblad dakpansgewijs op de krans en kram deze vast met de krammen van 4 centimeter.
Lijm de vetbolletjes in de terracotta potjes en verdeel de potjes over de krans.
Zet op de plaatsen waar de potjes gelijmd gaan worden eerst het groen met wat extra krammen vast. Neem per potje ook een grote kram van 8 centimeter en steek hiervan één poot in het gaatje onderin het potje en de andere in de krans.
Versier daarna de krans naar eigen inzicht met de trosgierst en de gekozen objecten.
Kleine objecten kunnen worden gelijmd, grote objecten moeten met satéstokjes in de krans worden gestoken.

Op de foto linksonder: pindakrans, boven: krans met vetbollen en rechtsonder: zaadbollenkrans (beschrijving blz. 7).

Week 2

Bollenpracht

In de maand januari, als het seizoen om bollen te poten in de koude grond al voorbij is, worden bloembollen vaak met flinke kortingen aangeboden. Een ideale manier om hiermee tegen geringe kosten manden, potten of bakken te vullen en er slechts enkele weken later volop voorjaarsplezier aan te beleven.

MATERIAAL

manden, potten of bakken
steenmos en kussentjesmos (Grimmia pulvinata)
hydrokorrels of in plaats hiervan potscherven van oude bloempotten
voldoende potaarde
bollen: narcissen (Narcissus), blauwe druifjes (Muscari), hyacinten (Hyacinthus), irissen of andere bijzondere soorten bollen

Werkwijze

Vul de open manden, potten of bakken eerst met steenmos alsof dit erdoorheen naar buiten groeit. Dek de bodem af met plastic en zorg voor een flinke opstaande rand.

Leg op de bodem van de pot, bak of voorbewerkte mand een laagje hydrokorrels of potscherven, daarna een laag potgrond. Leg hierop de bollen in een patroon dat u leuk vindt, met de wortels naar beneden en de spruitkant naar boven. Vul de mand, pot of bak daarna verder met potgrond.

Hyacinten moeten met hun puntje net boven de aarde uit blijven steken, maar vrijwel alle andere bolsoorten moeten anderhalf keer hun lengte onder de aarde gestopt worden. De aarde kan worden toegedekt met mos.

Voor het werkstuk op de foto heb ik gewerkt met kussentjesmos met daartussen een compositie van bollen. Bovenop de bollen mag geen mos zitten.

Zet de mand, pot of bak weg in een koele kelder of schuur totdat de eerste punten zichtbaar worden. Vaak plaats ik een strik in de kleurencombinatie van de bollen op de mand of de pot, zodat ik later nog weet voor welke plaats in huis hij bedoeld is.

Met zo'n bollenpracht kunt u in huis wekenlang van de lente genieten.

Week 3

Exotische winterschikking naar één kant

(facing)

Even lekker wegdromen als ik op de markt tegen een enorm safariboeket aanloop. Onder deze naam wordt in de wintermaanden een tropisch bloemenassortiment aangeboden waaronder: suikerbossie (Proteaceae), Banksia, Brunonia, Verticordia, Agonis en Leucadendron.
Meestal niet goedkoop, maar ongeveer vier weken lang plezier weegt daar ruimschoots tegenop. Ook het indrogen van zo'n boeket lukt vaak erg goed. Het vullen van een grote vaas met steekschuim is erg kostbaar en wordt erg zwaar. Daarom stel ik hier een andere oplossing voor.

MATERIAAL

flinke vaas of pot
grote loodprikker
kling
watervast tape
kronkelwilg (Salix)
10 takjes struikklimop (Hedera)
1 groot safariboeket
10 bloemendraad nr. 6
3 klimopranken

Werkwijze

Zet de loodprikker met behulp van kling vast op de bodem van de vaas.
Plak met watervast tape een roostervorm, tweemaal horizontaal en tweemaal verticaal over de opening van de vaas zodat een 9-tal steekopeningen ontstaat.
Steek de kronkelwilg door het gevormde rooster vast in de loden prikker en zet een 10-basis (zie blz. 128 e.v.) op met struikklimop en werk het safariboeket afhangend door de struikklimop, de grote Proteaceae's (suikerbossie) in het hart en de kleine bloemen er luchtig omheen.
Omwind de afhangende takken eerst met bloemendraad zodat ze licht gebogen kunnen worden verwerkt.
Laat als laatste enkele klimopranken sierlijk naar beneden vallen.

Exotische schikking: een half uurtje werk voor heel lang plezier.

TRIUMPH
STANDARD-12

Week 4

Groen als winterkampioen

(foto blz. 14-15)

Als rond deze tijd de bloemen kostbaar zijn, zoeken we graag naar andere oplossingen om ons interieur te verlevendigen. Om toch met natuurlijke materialen te blijven werken stel ik voor twee biedermeierstukken te maken van verschillende soorten groen. Als u wilt, kunt u het opfleuren met wat droogbloemen of zijden bloemen. Ook het gebruik van takken is heel goed mogelijk. Voor het werkstuk op de foto heb ik de kornoelje (Cornus alba) gebruikt. De roodgekleurde takken geven een aparte sfeer.

MATERIAAL

platte schaal of schaal op voet
kling
plastic steker
steekschuim
groensoorten: conifeer (Thujopsis), vrouwenmantel (Alchemilla), klimop (Hedera), rotsheide (Pieris), azalea, aspergegroen (Asparagus) en Ruscus
takken van de kornoelje (Cornus alba),
gedroogde pioenrozen (Paeonia),
judaspenning (Lunaria)
(groensoorten steeds per 10 takjes)
decoratief gekleurd ijzerdraad

Werkwijze

Zet de plastic steker met behulp van kling vast op de bodem van de schone, droge schaal.
Plaats daarop een stuk nat steekschuim. Dompel steekschuim nooit onder, maar laat het zich in ruim water in circa 90 seconden volzuigen.
Begin met een 10-basis op te zetten van één groensoort (zie blz. 128 e.v.).
Herhaal deze 10-basis voor elke groensoort tot het stuk vol is. Bij het grote stuk op de foto was dit na acht maal een 10-basis op te zetten; bij de kleinere stukken iets minder.
Het grote stuk werd daarna volgestoken met kornoeljetakken die met decoratief gekleurd ijzerdraad verbonden zijn tot een mysterieus web.
Het kleine stuk werd opgefleurd met pioenrozen en judaspenning.

Groen als winterkampioen: een stuk waar u wekenlang plezier van zult hebben (foto blz. 14-15).

Keukenkransen

Ooit wel eens een nieuwe keuken gekocht? Tien tegen één dat u dan ook het verkoopargument hoorde: 'Weet u wel hoeveel tijd u in de keuken doorbrengt'? Ja hoor, en daarom is decoratie in de keuken geen luxe maar een vorm van gezelligheid.

Knoflookkrans

(foto blz. 19)

MATERIAAL

strokrans, middellijn 40 cm
1 bloemendraad nr. 10
110 kleine knoflookbolletjes
1 doosje cocktailprikkers
30 g gekleurd Spaans mos (Tillandsia usneoides)

Werkwijze

Steek de bloemendraad door de strokrans en maak hiervan een ophanglusje.
Prik in alle knoflookbolletjes een cocktailprikker en steek ze daarna in de strokrans.
Vul de open ruimtes tussen de knoflookbolletjes met Tillandsia. (Tillandsia is een fijndradige plant die in verse of gedroogde vorm bij de bloemist te koop is.)
Een tamelijk kostbare krans maar u kunt hem twee jaar probleemloos laten hangen.

Spruitjeskrans

(foto blz. 19)

MATERIAAL

strokrans, middellijn 25 cm
1 ½ kg spruitjes
1 doosje cocktailprikkers
1 bosje raffia

Werkwijze

Haal de buitenste blaadjes van de spruitjes en steek in iedere spruit een cocktailprikker.
Prik alle spruitjes zo dicht mogelijk tegen elkaar in de krans, zodat bij indrogen geen grote gaten ontstaan.
Bind de raffia als ophanglus rond de krans.

Week 5

MATERIAAL

varenkrans, middellijn 30 cm
1 bloemendraad nr. 10
10 klimopbladeren (Hedera)
satéstokjes
5 bolletjes knoflook
10 zilveruitjes
10 plantuitjes
1 bosje lenteuitjes
1 bosje verse rozemarijn
40 krammen 4 cm.
20 rode pepers
10 halmen van gierst (Milium)
3 kleine sterappeltjes
2 takken bijvoet (Artemisia)
5 rode rozen (Rosa)
lijmpistool met lijmpatronen
20 g Spaans mos (Tillandsia)
5 nootmuskaatbolletjes

Kruidenkrans

Werkwijze

Steek de bloemendraad door de krans en maak hiervan een ophanglusje.

Kram wat klimopblad op een deel van de krans en begin daarna met het maken van een compositie.

Steek twee halve satéstokjes kruislings in knoflook, uien en appeltjes. Door de twee uiteinden naar elkaar toe te drukken en ze zo onder spanning in de krans te steken blijven ook zwaardere materialen goed zitten.

Bevestig al het andere materiaal dakpansgewijs met krammen.

Lijm de nootmuskaatbolletjes vast met het lijmpistool. Plaats ze zó dat nog zichtbare krammen hiermee worden weggewerkt.

Op de foto linksboven: spruitjeskrans (beschrijving blz. 17), rechts: knoflookkrans (beschrijving blz. 17) en linksonder: kruidenkrans.

Week 6

Gebonden voorjaar

Een tintelend gevoel dat lente heet.
Veel aanvoer van prachtige voorjaarsbloemen: tulpen, narcissen, blauwe druifjes. Nu eens niet in een vaas gezet, maar 'geraffineerd' met raffia gebonden tot voorjaarswigwam of voorjaarsboom.

Voorjaarswigwam

(foto blz. 20-21)

MATERIAAL

platte schaal met opstaand randje
verse voorjaarsbloemen: tulpen, narcissen, blauwe druifjes, anemonen
bosje raffia

Werkwijze

Verdeel voor de wigwam de bloemen in drie gelijke hoeveelheden. Voor het werkstuk op de foto ben ik uitgegaan van drie keer vijf bloemen.
Maak de raffiadraad met een knoopje vast onder de bloemknoppen en wikkel ongeveer 10 centimeter steel vast.
Pak de drie gebonden pakketjes en vorm een wigwam door de stelen kruislings langs elkaar te leggen en ze met een vierde raffiadraad losjes te binden.
Zet de wigwam uit op de schaal en knip eventueel de uiteinden van de stelen iets bij.

Haal het voorjaar in huis. De voorjaarswigwam en -boom staan afgebeeld op de foto op bladzijde 20-21.

Voorjaarsboom

(foto blz. 20-21)

Werkwijze

Begin met één bloem. Knoop onder de bloemknop een lange raffiadraad vast.
Leg strak onder deze bloemknop nog drie bloemen en omwikkel deze met het stuk raffiadraad.
Leg vervolgens vijf bloemen iets lager en wikkel zolang in ringen door als u bloemen heeft.
Wilt u iets van groen ertussen binden, maak dan gebruik van zeer luchtig groen.
Na de laatste bloemen nog een paar centimeter doorwikkelen en de raffiadraad vastknopen.
Knip de uiteinden van de stelen gelijk.
Vul een terracotta potje met nat steekschuim. Laat het steekschuim zich in ruim water in 90 seconden volzuigen. Nooit onderduwen.
Als de potjes door kunnen lekken doe er dan eerst een plastic zakje in.
Druk voorzichtig de stelen van de bloemenboom in het steekschuim.
Bedek het steekschuim met wat steenmos en zet dit met een kram vast.
Als u de bloemenboom in een smalle vaas zet, kunt u van Aspidistrablad een leuke sjaal vormen door het blad rond de hals van de vaas te leggen en met een bloemendraadje vast te zetten.

MATERIAAL

verse voorjaarsbloemen: tulpen, narcissen, blauwe druifjes, anemonen
bosje raffia
wat groen: aspergegroen (Asparagus) en Aspidistrablad
diverse terracotta potjes
steekschuim
plastic boterhamzakjes
steenmos
10 krammen 4 cm
vaas met smalle opening
1 bloemendraad nr. 6

Week 7

Valentijnsdag raakt ingeburgerd

14 Februari is dé dag voor heimelijke hofmakerij.

Droogbloemenhart

MATERIAAL

droog steekschuim in hartvorm
10 takken hanekam (Celosia)
10 takken eikeblad
10 takjes judaspenning (Lunaria)
20 takjes juffertje-in-'t-groen (Nigella)
10 takjes kattestaart (Amaranthus)
5 takken kogeldistel (Echinops)
10 halmen trilgras (Briza)
5 duivelswandelstokpluimen (Aralia)

Werkwijze

Steek eerst de hanekam verdeeld in het hart zodat de grote opvallende bloemen regelmatig over het geheel verdeeld zijn.
Plaats het eikeblad en zorg dat de kunststofrand van het hart onzichtbaar is.
Verdeel vervolgens de andere bloemen op een creatieve manier over het hart en steek ze voorzichtig in het schuim. Bewaar de kwetsbare, iele soorten zoals trilgras en de duivelswandelstok voor het laatst. Verwerk alle soorten in kleine stukjes van circa 3 cm.

Hart van kornoeljetakken

MATERIAAL

penseeltje
6 waterbuisjes
verf in de kleur van de takken
15 kornoeljetakken (Cornus alba 'Siberica')
wikkelklos
12 rode anemonen
6 takjes aspergegroen (Asparagus)
2 takjes safarigroen

Werkwijze

Verf de waterbuisjes in de rode kleur van de takken en laat ze goed drogen.
Laat vijf kornoeljetakken vier dagen in water op kamertemperatuur uitlopen.
Maak van tien takken een hartvorm en zet ze vast met draad van de wikkelklos.
Klem de waterbuisjes verdeeld tussen de takken.
Zet de vijf takken in de waterbuisjes en vlecht ze tussen de rest van de takken.
Verwerk anemonen, aspergegroen en safarigroen ook vanuit de waterbuisjes.
Maak van uw compositie een fleurig geheel.

Rozenhart

MATERIAAL

steekschuim in hartvorm
20 takjes conifeer (Thujopsis)
20 takjes klimop (Hedera)
10 takjes azalea
5 takjes aspergegroen (Asparagus)
2 klokken van Ierland (Moluccella)
20 rode rozen (Rosa)
10 kleine ananasjes

Werkwijze

Leg het steekschuimhart in het water en laat het zich in circa vijf minuten volzuigen. Nooit onderduwen. Verdeel de groensoorten over het hart en zorg ervoor dat door schuin insteken de kunststofrand niet meer zichtbaar is.
Knip van de klokken van Ierland kleine stukjes en steek deze in het hart.
Doe daarna hetzelfde met de rozen en de ananasjes en uw hart kan met alle hartewensen verzonden worden.

Boven, het hart van kornoeljetakken; midden, het droogbloemenhart; onder, het rozenhart.

Week 8

Simpel of simpel?

In de Dikke van Dale staat simpel voor eenvoudig;
simpel voor weinig ingewikkeld;
simpel voor onnozel en niet wijs;
simpel voor onbetekenend en zonder omhaal.
Dus... zo simpel is het nog niet.
Ons bloemstuk wel.

MATERIAAL

vaas
1 blok steekschuim
20 hyacinten
1 bos berengras of beargrass (Restio)
4 bloemendraad nr. 6
4 krammen 5 cm
10 takken Pittosporum

Werkwijze

Vul de vaas met nat steekschuim en laat dit ongeveer 6 centimeter boven de rand van de vaas uitsteken. Laat het steekschuim zich in ruim water goed volzuigen. Nooit onderduwen.
Zet tweemaal een 10-basis op (zie blz. 128 e.v.) met hyacinten.
Om de zachte stelen van de hyacinten te ontzien, prikken we voor met een stokje in het steekschuim.
Verdeel de bos berengras in vier delen en maak met behulp van bloemendraad een lus door de uiteinden bij elkaar te binden.
Steek deze in het bloemstuk en veranker met een kram.
Vul de lege plekken op met Pittosporum tot al het steekschuim bedekt is.

Simpel, eenvoudig, weinig ingewikkeld maar beeldschoon.

Week 9

Vogel op nest

Heerlijk zo'n beest dat geen aandacht hoeft en toch niet wegloopt.
Een vogel die wel even tijd en wat handigheid vraagt om te maken, maar daarna het nest niet snel meer verlaat.

MATERIAAL

strokrans, middellijn 60 cm
1 zak hooi
2 wikkelklossen
3 m ijzerdraad van 2½ mm dikte
1 tak, ca. 2 cm dik en 10 cm lang
flinke bos kale berkentwijgen
1 bos wilgenkatjes (Salix)
1 bamboestokje van 25 cm
400 g rendiermos (Cladonia rangiferina)
300 g krammen 4 cm

Werkwijze

Maak een nest door de strokrans losjes met wat hooi en draad van de wikkelklos te omwikkelen.
Buig van ijzerdraad het skelet van een vogel.
Knip van de tak de vorm van de snavel en wikkel die met de wikkelklos aan het skelet vast.
Omkleed dit skelet met hooi en wikkel dit met de wikkelklos vast. Gebruik net zoveel tot de vorm van de vogel u aanstaat.
Leg langs de hals en de kop berkentwijgen en wikkel deze eveneens goed vast.
Maak van berkentwijgen en wilgenkatjes een bos (= de staart) en wikkel de bos aan het takeinde goed vast.
Steek midden in de bos de bamboestok waarmee de staart in de vogel gestoken wordt.
Wikkel de staart goed vast door de wikkeldraad kruislings over de borst te trekken en weer terug.
Hecht de draad goed af door een paar keer over elkaar heen te steken.
Maak het lijf van rendiermos met krammen vast.
Begin eerst rond de hals en de staart en vul daarna alles op.
Plaats de vogel op het nest en steek als decoratie de laatste wilgenkatjes in de krans.

Bij of op uw buitenvoorraad openhaardhout is deze vogel een schitterend gezicht.

Week 10

Een muurbloempje

Geen dame die overschiet, maar een muurstuk dat lange tijd mooi blijft en snel omgetoverd kan worden tot onze eerste paasdecoratie.

MATERIAAL

graftakhouder (klein)
60 takjes palmboompje (Buxus)
steekschuim
10 tarwehalmen (Triticum)
10 gerstehalmen (Hordeum)
10 halmen trilgras (Briza)
10 brooddeegbroodjes of krakelingen op steel
5 kunsteieren op steel
gele strik

Werkwijze

Laat de graftakhouder zich in ruim water volzuigen. Niet onderduwen.
Steek de Buxus in de onderste laag van de graftakhouder waarmee u de vorm van het stuk bepaalt. In de twee opvolgende lagen worden de takjes Buxus steeds iets korter.
Steek bovenop de Buxus schuin naar boven tot een mooi vol geheel.
De diverse halmen en de brooddecoraties worden in een gelijkmatige compositie tussen de Buxus gestoken.

VARIATIE 1

Met wat eieren en een gele strik is het meest linkse stuk op de foto omgetoverd tot paasdecoratie.
Als variatie heb ik dit stuk gemaakt van een hulstsoort (Ilex convexa), dat veel op Buxus lijkt en in de paastijd voor Buxus verkocht wordt. Het droogt niet zo mooi in als Buxus, dus... bij het kopen oppassen.

VARIATIE 2

In de herfst kunt u dit stuk ook maken. Gebruik in plaats van Buxus, klimop (Hedera). Vervang grassen door toefjes hortensia (Hydrangea) en laat bessen en zaaddozen de plaats innemen van de brooddeegdecoraties.

Op de foto links: de paasdecoratie en rechts: het muurbloempje.

Week 11

Pak een bak

Een berk die het leven had gelaten en tijdens één van de vele januaristormen de kruin op moeder aarde liet vallen zorgde voor de volgende twee fraaie werkstukken.

MATERIAAL

10 polsdikke berkenstammetjes (6 van 60 cm en 4 van 40 cm)
16 spijkers van 10 cm
bosje raffia
hamer
kippengaas (100 x 125 cm)
nietpistool met nieten van 16 mm
steenmos
plastic vuilniszak
hydrokorrels
1 zak potaarde
6 hortensia's (Hydrangea)
slaapkamergeluk (Soleirolia)
klimop (Hedera)
blauwe druifjes (Muscari)
wilgenkatjes (Salix)

De bak

Werkwijze

Sorteer de berkenstammetjes op grootte en vorm. Stapel ze op elkaar en spijker ze onderling vast. Bind ze kruislings met raffia ter decoratie.
Knip een stuk kippengaas om de zijkanten en de bodem te bekleden. Niet dit vast aan de binnenzijde van de bak. Prop tussen de zijkanten en het gaas wat steenmos zodat dit tussen de stammetjes uit komt.
Leg op de bodem een vuilniszak, leg hierop een laagje hydrokorrels en daar bovenop wat potaarde. Plant hierin de planten in een leuke compositie.
Steek als laatste wat wilgentakken in de aarde voor een leuk lente-effect.

Het konijn

Het konijn op de foto is een voorgevormd kartonnen konijn zoals u dat in hobbywinkels kunt kopen. Het is met behulp van het lijmpistool volgeplakt met wilgenkatjes (Salix). Een zeer tijdrovend werkje dat mijn dochter Nana met engelengeduld heeft uitgevoerd, nadat ze in mijn atelier zo'n oud kartonnen konijn vond en dit fantastische idee kreeg.

Op de foto rechts: de bak en links: het konijn.

Week 11

De vaas

MATERIAAL

lijmpistool met lijmpatronen
plastic plantenpot (middellijn 18 cm)
berkenschors
3 schroeven 3 cm
1 schroef 10 cm
schroevedraaier
1 polsdik berkenstammetje 15 cm
1 berkenschijf, middellijn circa 12 cm en 7 cm dik
steenmos
wikkelklos
plastic zak
steekschuim
4 Aspidistrabladeren
bladglans
10 stengels Ruscus
20 takken bijvoet (Artemisia)
30 blauwe anemonen
10 safaribloemetjes (Brumonia)

Werkwijze

Beplak met het lijmpistool de plastic plantenpot met berkenschors dat u van oude, omgevallen bomen kunt afhalen.
Schroef deze vast op het berkenstammetje met drie schroeven om draaien te voorkomen.
Zaag van een dikkere tak een schijf van circa 7 centimeter dikte. Schroef deze vast met de lange schroef aan de andere kant van het berkenstammetje.
Maak een rol van het steenmos en plak dit met het lijmpistool vast aan de bovenkant van de pot.
Zet hem op een paar punten vast met ijzerdraad van de wikkelklos.
Zet een plastic zak in de pot en vul die met nat steekschuim. Laat het steekschuim zich in ongeveer 90 seconden in ruim water goed volzuigen.
Nooit onderduwen.
Zet het bloemstuk op in kegelvorm (zie blz. 130).
Fris de Aspidistrabladeren met bladglans op.
Maak van de Aspidistrabladeren een mooie strik door van twee bladeren de bladpunt naar de steel te buigen en deze met de wikkelklos vast te zetten.
Schik de andere twee bladeren afhangend en maak met de gebogen bladeren een prachtige strik door de vier stelen bij elkaar in het steekschuim te steken.

De vaas.

Week 12

Een stel op huwelijksreis

Twee paashazen, gefotografeerd in een hemelbed omgeven door zalmkleurige primula's. Een topiary-figuur voor gevorderden. De paashazen op de foto meten van kop tot teen 130 centimeter. Maar u kunt ze natuurlijk ook kleiner maken. Om enig idee te hebben geef ik de maten van de onderdelen.

MATERIAAL

3 m kippengaas 100 cm hoog (dubbeltjesgaas)
4 wikkelklossen
3 kratjes steenmos
2 dikke stokken (bezemsteel) 1 x 55 cm en 1 x 30 cm
10 grote plantstokken
1 kratje veenmos (Sphagnum)
4 middelgrote satéstokken
4 larixappeltjes
klein bosje berkentwijgjes
1 m juteband
8 krammen 7 cm
lijmpistool met lijmpatronen

DE MATEN VAN HET HAZENPAAR

lijf 37 cm lang en 80 cm omtrek
arm 55 cm lang en 20 cm omtrek
been met voet 65 cm lang en 25 cm omtrek
hoofd 20 cm lang en omtrek inclusief snuit 60 cm
oren 20 cm lang en 10 cm breed

Werkwijze

Knip het kippengaas in de opgegeven maten. Reken daarbij iets meer voor de naden.
Vul lijf, hoofd, armen en benen met Sphagnum. De armen en benen worden rollen met aan één uiteinde een hand of voet gevormd. Lijf en hoofd moeten al wat meer vorm krijgen. Zorg daarbij voor een gezellige dikke buik en een spitse snuit.
Omwikkel het gaas met de wikkelklos tot een grondvorm.
Leg over alle vormen steenmos en wikkel net zo lang tot de vormen u aanstaan.
Steek dan de stok van 55 centimeter in het lijf van de zittende haas op de plaats waar het hoofd moet komen en de stok van 30 centimeter in het lijf van de liggende haas. Zorg dat de stokken er ongeveer 15 centimeter bovenuit steken.
Nu kunnen de hoofden op de uitstekende stokken gezet worden. Wikkel ze stevig vast met de wikkelklos. De ledematen worden op dezelfde manier op het lijf gezet. Gebruik hiervoor de grote plantstokken.
Om de benen van de liggende haas omhoog te houden steekt u stukken plantstokken van 30 centimeter in de onderbenen en trek deze naar de billen toe. Bedek de draad die over de bovenbenen loopt met wat mos en wikkel dit vast.
Steek een middelgrote satéstok tot de helft in de reeds gevormde oren. Steek vervolgens de andere helft in het hoofd en wikkel de oren goed vast met de wikkelklos.
Lijm daarna de larixappeltjes als ogen vast en maak snorren van wat berkentwijgjes.
De bruidegom wordt pas man als zijn stropdas van juteband met krammen is vastgezet.

Een stel op huwelijksreis.

Week 13

Beter een half ei dan een lege dop

Eerst eieren zoeken in de tuin; dan een heerlijke paasbrunch met een origineel paastafelstuk vol bloemen.

MATERIAAL

ronde platte schaal, middellijn 30 cm
moskrans 50 cm middellijn
kunststof steker
kling
1 blok steekschuim
1 bos papaver (Papaver nudicaule)
6 uitgeblazen eieren op satéstokjes
2 bossen Leonotis leonurus
20 takjes conifeer (Thujopsis)
24 halve, mooi gebroken, eierdoppen
lijmpistool met lijmpatronen

Werkwijze

Duw de schaal voorzichtig in de moskrans.
Zet de kunststof steker met kling vast in het midden van de schone, droge schaal.
Leg hierop het natte steekschuim. Laat het steekschuim zich in ruim water volzuigen. Niet onderduwen.
Steek alle papavers losjes in een groep in het midden van het steekschuim (Vegetatieve schikking, zie blz. 133).
Prik of boor aan onder- en bovenkant van de eieren een klein gaatje. Blaas de eieren vanaf de bolle kant naar de punt toe uit.
Steek de satéstokjes in het gaatje aan de bolle kant en lijm ze vast met het lijmpistool.
Zet de uitgeblazen eieren op stokjes voorzichtig tussen de papaver.
Schik daarna groepsgewijs conifeer en Leonotis totdat de hele schaal bedekt is.
Lijm wat lege, uitgewassen doppen in het stuk en leg de rest er losjes omheen.

Beter een half ei dan een lege dop.

Week 14

MATERIAAL

3 blokken droogsteekschuim (sec)
kleine emmer; satéstokjes
graskrans 20 cm
9 stukken kussentjesmos
18 krammen 8 cm
10 takjes klimop (Hedera)
10 takjes Ruscus; 10 rode uien
12 bollen knoflook
16 zilveruitjes
12 langwerpige uien
2 bosjes verse rozemarijn
10 bloemendraad nr. 6

MATERIAAL

draadmand; plastic zak
1 stuk steenmos; 1 blok steekschuim
3 takjes Iers klokje (Molucella)
5 takken wolfsmelk (Euphorbia)
5 aronskelken (Zantedeschia)
5 bladeren van een kamerplant
(Meranta Leuconeura)
10 takken ereprijs (Veronica)
3 bouvaria's; 5 takken Ruscus
3 takjes bosbesgroen
1 rode kool; 3 aubergines
2 artisjokken; 5 asperges
1 stukje broccoli; 5 knoflookbolletjes
1 bosje satéstokken

MATERIAAL

klein vaasje
stukje steekschuim
6 takjes zuring (Rumex)
plakje steenmos
3 appels
6 satéstokken

Anders dan anderen

Het andere kunnen we tot eigen maken en groente en fruit in plaats van bloemen als schikmateriaal aanvaarden.

Mosemmer met stevige geuren

Werkwijze

Plaats het steekschuim in de emmer; één stuk dwars en de twee andere in de lengte er bovenop. Steek het geheel vast met enkele satéstokjes.
Zet de graskrans op de rand van de emmer.
Verdeel de 9 stukken mos over het geheel en kram ze vast op het steekschuim.
Vul de tussenliggende gaten op met klimop en Ruscusgroen.
Haal van uien en knoflook de buitenste schil af en zet alles op satéstokjes. Steek 2 satéstokjes kruislings in het materiaal. Door de 2 uiteinden naar elkaar toe te drukken en ze zo onder spanning in het steekschuim te steken blijven ook zwaardere materialen goed zitten. Schik hiermee tot een leuke compositie.
Bind tenslotte bosjes rozemarijn met bloemendraad en steek deze ertussen.

Draadmand met groente en bloemen

Werkwijze

Vul de mand met steenmos en leg daarop een plastic zak.
Plaats het natte steekschuim in de mand. Laat het steekschuim zich in ruim water goed volzuigen. Nooit onderduwen.
Maak een vrije compositie. Begin met het plaatsen van alle grote groentesoorten.
Steek ze goed vast met satéstokken (zie werkwijze mosemmer hiervoor).
Plaats daarna groen en bloemen en werk het stuk af met kleine groente- en fruitsoorten.

Vaasje met appels

Werkwijze

Leg het vaasje gevuld met wat vochtig steekschuim op zijn kant. Het steekschuim hoeft niet door en door nat te zijn want het geheel moet langzaam indrogen.
Steek de zuring in het steekschuim. Dek alles speels af met wat steenmos.
Zet de appels op satéstokken (zie blz. 133) en zet ze tussen de zuring.

Op de foto rechtsboven: de draadmand met groente en bloemen, links: het vaasje met appels en onder: de mosemmer met stevige geuren.

ICHEL BUYS'SEN
LAUWE

Week 15

Topiary tuinslak of schildpad

Een leuke decoratie voor balkon of tuin die makkelijk en snel te maken is.

MATERIAAL

kippengaas (dubbeltjesgaas)
½ kratje veenmos (Spagnum)
½ kratje steenmos
2 wikkelklossen
satéstokjes
stekjes klimop (Hedera)

Werkwijze

Knip voor de slak twee stroken kippengaas. De grote slak op de foto is gemaakt van een strook van circa 25 centimeter breedte en circa 90 centimeter lengte. Leg in het midden over de gehele lengte wat Spagnum. Vouw de buitenzijde van de lange kanten naar elkaar toe, zodat een rol ontstaat. Hou één rol rond en maak de tweede een beetje plat met aan één kant een gevouwen puntje. De platte rol is het lichaam van de slak; de ronde wordt het huis.
Bekleed beide rollen met steenmos en wikkel dit stevig vast met de wikkelklos.
Bij het lichaam maakt u een kop door het steenmos iets op te bollen.
Buig éénderde van het lichaam aan de kant van de kop omhoog.
Rol spiraalsgewijs een huisje van de andere rol en steek dat vast met satéstokjes.
Zet nu het huis op het lichaam en steek aan alle kanten vanuit het huis satéstokjes in het lichaam.
Maak de wikkelklos vast aan het huis en wikkel huis en lichaam stevig aan elkaar.
Omkleed als voelsprieten twee satéstokjes tot de helft met steenmos en steek deze in de kop van de slak. Wikkel ze stevig aan de kop vast.

De schildpad en andere eventuele objecten worden op dezelfde manier gemaakt.
Vorm steeds eerst een skelet van kippengaas. Vul holle vormen altijd op met Spagnum en omwikkel ze met steenmos. Platte vormen zoals het schild van de schildpad worden gevormd van kippengaas en daarna alleen met steenmos omwikkeld.
Ledematen en andere uitstekende gedeelten worden met satéstokjes in het lijf gestoken en daarna vastgezet met de wikkelklos.
In het schild van de schildpad zijn klimopstekjes met aanhangende aarde met wat Spagnum omwikkeld en met wikkelklos vastgezet.
Staat het object buiten dan altijd op een schaduwrijke plek en af en toe bevochtigen.
Binnen droogt steenmos prachtig in en blijft groen.
U kunt zelf veel vormen realiseren door gebruik te maken van uw fantasie en een gezonde dosis durf.

Topiary tuinslak of schildpad.

Week 16

Een tweeling

Het lijkt op elkaar maar is niet gelijk.
De tweeling: zichtbaar aan elkaar verwant en altijd aan elkaar verbonden.

MATERIAAL

2 identieke vazen
steekschuim
6 takken Pinus cembra
15 takken brem (Cytisus)
1 lange stengel van Japanse duizendknoop (Polygonum)
14 pioenrozen (Paeonia)
10 leeuwebekken (Antirrhinum majus)
2 takken zuring (Rumex)
2 takken sneeuwbal (Viburnum)
6 takken umbrellagroen

Werkwijze

Plaats in elke vaas nat steekschuim. Laat hiervoor het steekschuim zich in ruim water in 90 seconden goed volzuigen. Nooit onderduwen. Laat het steekschuim 5 centimeter boven de rand van de vaas uitsteken.
Steek de Pinus cembra in het steekschuim en werk de beide vazen met alle materialen tegelijkertijd in spiegelbeeld op.
Maak als laatste in de linkervaas een lus van brem naar links en in de rechtervaas naar rechts.
Zet de vazen op hun plaats en knip de stengel van de Japanse duizendknoop in drie stukken: twee kleine en één grote.
Steek het grote stuk in het midden en de twee kleine stukken aan de buitenzijde in het steekschuim, zodat het lijkt of de stengel door het hele stuk heen gestoken is.

Een tweeling.

Week 17

Bermtoerisme

In de jaren zestig zat je met je stoeltje gezellig in de berm van de weg. En ach, er kwam wel eens een auto langs.
Nu is mijn bermtoerisme armenvol fluitekruid plukken in de berm van diezelfde, maar verdriedubbelde weg. En ach, er scheuren vele auto's langs.

Emmer gevuld met bermmateriaal

MATERIAAL

plakband
emmer
grote bos fluitekruid (Anthriscus sylvestris)
1 tak rododendron (Rhododendron)
5 takken sering (Syringa)
3 takken Salomonszegel (Polygonatum)
5 tulpen (Tulipa)

Werkwijze

Maak met plakband een roostervorm over de emmer zodat een aantal steekgaten ontstaat. Voor een niet al te grote emmer is tweemaal horizontaal en tweemaal verticaal meestal voldoende.
Zet met fluitekruid driemaal een 10-basis (zie blz. 128 e.v) in de emmer op. Verwerk daarna op vrije wijze rododendron, sering, Salomonszegel en tulpen in het stuk.

Tafellaken van groot hoefblad

MATERIAAL

bladeren van groot hoefblad (Petasites)
watervast dubbelzijdig tape

Werkwijze

Knip de stelen van het groot hoefblad af.
Plak de bladeren dakpansgewijs goed vast met tape zodat dit prachtige tafellaken ontstaat. Bij droog weer is het zeker twee maanden houdbaar.

In de waterkan en melkbeker op de foto zijn in vrije schikking vingerhoedskruid (Digitalis) en lelietjes-van-dalen (Convallaria) neergezet.
Op tafel ligt het tafellaken van groot hoefblad met daarop een emmer, gevuld met bermmateriaal.

Water

Week 18

Voorbode van vruchten

Tijdens het plukken van vruchten en takken vol met bessen uit de tuin gaan mijn gedachten altijd even terug naar die kortstondige, maar overdadige bloesempracht die daaraan voorafgaat. Het inspireerde me tot dit stuk dat steeds weer met andere bloesem gevuld kan worden.

MATERIAAL

kunststof steker
kling
taartschaal op voet met opstaande rand
halve tempexbol, 20 cm middellijn (te koop in hobbyzaken)
1 ½ blok steekschuim
lijmpistool met lijmpatronen
4 bosjes galaxblad
1 plastic zak
3 grote krammen 8 cm
bloesemtakken, op de foto takken van de meidoorn (Crataegus)
5 bloemendraad nr. 6

Werkwijze

Zet de kunststof steker met kling vast in het midden van de schone, droge schaal.
Zet hierop 1 blok nat steekschuim. Laat hiervoor het steekschuim zich in ruim water in 90 seconden goed volzuigen. Nooit onderduwen.
Lijm met het lijmpistool de galaxbladeren dakpansgewijs op de halve tempexbol.
Begin aan de rand en werk naar beneden zodat eventuele lijmvlekken bedekt worden.
Zet de bol met drie krammen vast op het blok steekschuim.
Vul de plastic zak met het halve blok natte steekschuim en zet dit in de halve bol.
Steek de bloesemtakken in het steekschuim onder de bol.
Vul ook de bol met kleine takjes bloesem.
Bind van de overgebleven galaxblaadjes vijf toefjes met een bloemendraadje bij elkaar en steek dit tussen de bloesem.
De galaxbladeren blijven lang mooi en drogen ook mooi in zodat dit stuk steeds met nieuwe bloesemtakken opgemaakt kan worden.

Voorbode van vruchten.

MATERIAAL

takken van de blauwe regen (Wisteria)
takken van de kamperfoelie (Lonicera)
takken van de druif (Vitis)
(totaal 25 takken van ongeveer 150 cm)
15 wilgentenen 150 cm
5 takken kronkelwilg (Salix)
wikkelklos
6 koraalmosjes (Nertera)
2 plakken steenmos
13 sinaasappels
grote stopnaald
5 m oranje lint

Oranjeweek vol plezier

Vlaggen, slingers, hoedjes en vele andere dingen halen we eind april te voorschijn om tot eind mei onze nationale feesten te vieren. Oranjegezind doe ik daar graag aan mee; een guirlande van wilgentenen en snoeimateriaal gevuld met sinaasappels en oranje plantjes en versierd met strikken.
Vervang na de feestdagen het oranje door wat klimopplantjes (Hedera) en éénjarige hangplanten en in de herfst vervangt u deze éénjarigen door bijvoorbeeld kalebassen en in december deze weer door bergthee (Gaultheria), zodat deze guirlande een jaar of zelfs langer uw huis kan verfraaien.

Werkwijze

Maak een stevige bos van alle takken en wilgetenen en bind ze aan één uiteinde stevig bij elkaar met de wikkelklos.

Trek aan de wilgentenen en vorm zo de guirlande in boogvorm. Bent u tevreden over de vorm, bind dan de tweede kant ook goed vast met de wikkelklos.

Omwikkel de potjes van de koraalmosjes met steenmos en klem ze samen met de sinaasappels tussen de takken.

Camoufleer het wikkeldraad aan de uiteinden met een wilgenteen. Rijg het oranje lint met een stopnaald door de sinaasappels en veranker het met een knoop zodat de sinaasappels niet kunnen zakken.

Bevestig de sinaasappels aan beide uiteinden van de guirlande en werk deze af met oranje strikken.

Succes verzekerd!

Oranjeweek vol plezier.

Week 20

Moederdagkrans voor de ontbijttafel

Zacht gefluister; kinderen en vaders rommelend in de keuken; een vallend bord, maar geluk kunt u niet genoeg hebben; wel een verbod om uit bed te komen voordat u geroepen wordt. Allemaal geluiden die op de tweede zondag in mei de voorbode zijn van een gezellig ontbijt.

MATERIAAL

1 steekschuimkrans 40 cm
15 kleine bladeren van vrouwenmantel (Alchemilla)
20 takjes conifeer (Thujopsis)
15 hanekam (Celosia)
30 kleine klimopbladeren (Hedera)
20 takjes rotsheide (Pieris)
15 ranonkels (Ranunculus)
10 kanariegras (Phalaris canariensis)
5 stinkend nieskruid (Helleborus)
10 zaaddozen van tulp (Tulipa)
10 sandersonia

Werkwijze

Leg de krans met het steekschuim naar beneden in ruim water en laat het zich in circa 5 minuten volzuigen. Nooit onderduwen.

Begin met het volsteken van de krans op sierlijke, schuin gestoken wijze.

Let vooral op afhangend schikken aan de binnen- en buitenkant van de krans, zodat deze niet meer zichtbaar is.

Begin met twee soorten groen erin te steken, bijvoorbeeld conifeer en vrouwenmantel.

De hanekam en andere bloemen die duidelijk aanwezig zijn gelijkmatig over de krans verdelen.

Vul de krans daarna op met de rest van het beschikbare materiaal tot er een mooie dichte krans ontstaat. Als de stelen van bloemen zacht zijn zoals bij de ranonkels, steek dan eerst met een stokje een gaatje in het steekschuim en plaats daarin de bloem.

Met kaars en windlicht in het midden van de krans kunnen kinderhanden alles veilig aangeven wat moeder nodig heeft.

De sandersonia is in deze moederdagkrans een opvallende, urnvormige oranje bloem die in ons land met veel zorg als lage klimplant gekweekt kan worden. Niet winterhard maar in de kas een plaatje. Als snijbloem zult u hem vaak apart bij uw bloemist moeten bestellen.

Week 21

Pure schoonheid

De pure schoonheid van deze aluminium vazen vraagt maar weinig om een perfecte decoratie te maken.

Grote vaas

MATERIAAL

grote, stijlvolle vaas met nauwe opening
1 uitgebloeide bereklauw (Heracleum)
10 takken Asclepiabollen

Werkwijze

Vul de vaas met water en plaats de bereklauw in het midden. Groepeer de Asclepiabollen in pyramidevorm eromheen.

Vaas met vier openingen

MATERIAAL

vaas met meerdere steekopeningen
4 lotusbloemen (Nelumbo nucifera)
7 zaaddozen van de lotus (Nelumbo nucifera)
10 pluimen siergras

Werkwijze

Vul de vaas met water.
Maak in iedere steekopening een vrije compositie van één lotusbloem met zaaddozen en siergras.

Drie vazen

MATERIAAL

3 vazen
1 kantbloem (Ammi majus)
2 stelen bereklauw (Heracleum)
2 bloemen van de hortensia (Hydrangea Annabelle)

Werkwijze

Eén vaas is simpel gevuld met het prachtige kantscherm van de Ammi majus.
De andere twee vazen bevatten een stuk stengel van de bereklauw met daarin één bloem van de hortensia.
Deze hele compositie droogt prachtig in.

Op de foto middenachter: de grote vaas, links: de vaas met vier openingen en rechts: de drie vazen.

Week 22

Barokke Schoonheid

Zo strak, zo puur als de vazen in het vorige werkstuk, zo vol detail is deze vis waarvan de staart uitloopt in schelpvorm. Bij zo'n rijke ondergrond passen we de bloemen aan.

MATERIAAL

bijzondere vaas
kunststof steker
kling
steekschuim
15 stengels riet (Phragmites australis)
2 takken umbrellagroen
1 Asclepiasbol
1 bos Lisianthus eustoma

Werkwijze

Zet in de vaas een kunststof steker met kling vast.
Laat het stuk steekschuim zich in ruim water goed volzuigen. Nooit onderduwen.
Zet het natte steekschuim op de kunststof steker.
Steek het riet in een halve waaiervorm in het steekschuim.
Steek dan het umbrellagroen erin en zet de Asclepiasbol in het midden van het groen.
De bos Lisianthus wordt in kleine stukken geknipt zodat wel 30 tot 35 bloemen de compositie compleet maken.

Barokke schoonheid.

Week 23

Hoera, een baby

Een prachtige baby, doodvermoeide, maar gelukkige ouders, veel geschenken, dus moet je wel met iets héél origineels aankomen om de feestvreugde te verhogen.
Dit stuk is echt voor gevorderden en om een veel te lange materiaallijst te voorkomen zijn bij groen en bloemen slechts enkele voorbeelden gezet.

MATERIAAL

steekschuim
satéstokken
steenmos
krammen
kussentjesmos (Grimmia pulvinata)
groen zoals: ledervaren (Arachniodes), rotsheide (Pieris), klimopblad (Hedera), azaleabladeren, aspergegroen (Asparagus)
bloemen zoals: ranonkels (Ranunculus), anemonen, hanekam (Celosia), Astilbe, Bouvardia en vele andere

Werkwijze

Laat het steekschuim zich goed volzuigen in ruim water. Nooit onderduwen.
Snijd en stapel van blokken nat steekschuim de vorm van een wieg.
Steek alles onderling goed vast met satéstokken.
De luifel is van dunne plakken steekschuim die met satéstokken schuin op een staand blok steekschuim worden geprikt.
Steek met krammen het steenmos in het wieggedeelte.
Leg een stukje kussentjesmos als dekentje er bovenop en maak een lakenrand van bloemen.
De binnenkant van de hemel wordt met steenmos bekleed.
De buitenzijde van de luifel wordt met een rijkdom van blad en bloemen naar eigen inzicht en in de gewenste kleurcombinatie versierd.

Hoera, een baby.

Week 24

Groot hoefblad

Met groot hoefblad kunnen we heel veel decoraties maken; van tafelkleed tot gevouwen bloemstuk.
Heel blijvend is deze vorm die als vogelbad jarenlang tuin of balkon zal verfraaien.

MATERIAAL

cement
scherp zand
cementkuip
schop
water
bouwfolie
groot hoefblad (Petasites)
kippengaas
huishoudhandschoenen

Werkwijze

Voor nog geen tientje koopt u bij iedere doe-het-zelf zaak een zak cement van 25 kilo en een zak scherp zand voor vijf gulden. Maak specie van drie delen scherp zand en één deel cement. Vermeng het zand goed met het cement. Voeg dan pas met kleine beetjes water toe en schep het goed om zodat alles goed gemengd wordt tot een massa die met de handen gekneed kan worden.
Leg in een hoekje van uw tuin een stuk bouwfolie op de grond en stort hierop een hoopje zand ten minste zo groot als het blad.
Leg het blad met de rugzijde naar boven zodat de bladnerf goed zichtbaar is over het voorgevormde zandhoopje. Gebruik eventueel meerdere bladeren of stukken van bladeren om onbedekt zand nog af te dekken zodat een schaalvorm ontstaat.
Stort een laagje specie van circa 3 centimeter dik over het gehele blad en strijk het iets dunner uit naar de randen. Druk het met de handen aan en vorm de schaalrand binnen de bladrand in de bladvorm.
Bij grote bladeren is het raadzaam eerst een laagje cement te storten van ongeveer 2 centimeter en stukjes kippengaas als bewapening er op te leggen. Dek daarna het kippengaas af met nog een laagje specie van ongeveer één centimeter.
Maak een stukje vlak zodat de schaal straks goed blijft staan.
Draai de schaal na twee of drie dagen om en verwijder de bladresten.
Met een hogedrukspuit een werkje van niks, anders is het wat peuteren.
In plaats van groot hoefblad is een rabarberblad (Rheum), Russische rabarber (Rheum palmatum), gunnera of grote hostabladeren ook zeer geschikt.

Een vogelbad van cement en groot hoefblad. Op de foto staan verschillende stadia weergegeven.

Week 25

Langstelige zomerkandelaars

Ooit kocht ik twee oerlelijke, hoge kandelaars die waren voorbestemd om uit te groeien van een lelijk eendje tot een prachtige zwaan.

MATERIAAL

2 rondjes steekschuim
2 candle cups
kling
2 (oude) rechte kandelaars
24 stengelstukken van de Japanse duizendknoop (Polygonum)
wikkelklos
grote stopnaald
2 olielampjes voor kandelaars
2 waterbuisjes
10 takjes vrouwenmantel (Alchemilla)
*20 zaadlobben van de pijnboom (Pinus mughus)**
5 takken doorwas (Bupleurum)
6 irissen
10 viooltjes (Viola)
10 kievitsbloemen (Fritillaria)
steenmos

Werkwijze

Laat de rondjes steekschuim zich goed volzuigen in ruim water. Nooit onderduwen.
Zet de candle cups met wat kling vast in de kandelaar en plaats daarin de natte rondjes steekschuim.
Knip de stengels van de Polygonum op lengte en zet ze rondom de kandelaar.
Trek een draad van de wikkelklos door de stopnaald en rijg onder- en bovenkant van de stengels rondom aan elkaar en draai de uiteinden van de draad in elkaar.
Zet de olielampjes in het midden van het steekschuim en druk deze voorzichtig vast.
Maak een bloemstuk in vrije, afhangende vorm om het olielampje heen.
De korte viooltjes zijn in waterbuisjes verwerkt evenals de kievitsbloemen tussen de stengels.
De open gaten tussen de stengels zijn opgevuld met steenmos. Als na zes weken de stengels bruin worden en iets indrogen kunt u ze heel licht bespuiten met goudverf, zodat in de herfst en tijdens de kerst de kandelaars nogmaals gebruikt kunnen worden.

** Deze conifeer met zijn prachtige gele zaadlobben vindt u vaak als breed uitgroeiende kruiper in plantsoenen en bermbeplantingen.*

Langstelige zomerkandelaars.

Week 26

Hoera, vakantie

Of ze stormen binnen, het rapport uitbundig zwaaiend in de handen; of ze komen schuifelend het tuinhek binnen met het gewraakte papier in de handen geklemd en een gezicht vol ongeloof.
In beide gevallen zal de spanning wegvallen met deze overvolle snoepboom als mooi begin van de vakantie. Deze boom zal natuurlijk op geen enkel kinderfeest meer ontbreken.

MATERIAAL

kling
kunststof steker
een glazen schaal op voet
1 blok steekschuim
watervaste tape
20 takjes klimop (Hedera)
diverse soorten (kleurig) snoep
satéstokjes

Werkwijze

Zet met kling de steker vast in het midden van de schone, droge schaal.
Laat het blok steekschuim zich goed volzuigen in ruim water. Nooit onderduwen.
Zet het blok natte steekschuim verticaal en maak het aan de schaal vast met watervast tape door de tape over het steekschuim te trekken.
Steek de klimop tweemaal in 10-basis en in kegelvorm (zie blz. 128 en 130) in het steekschuim.
Zet het snoep op satéstokjes en steek dit tussen de klimop zodat de satéstokjes niet meer zichtbaar zijn.
Het stuk is snel klaar en u bent voor even de liefste moeder op aarde.

De snoepboom, een mooi begin van de vakantie.

FRUIT ROLL
Zitrone

Week 27

All for one and one for all

Soms heb je tijdens het maken van een stuk rare gedachtekronkels. Bij het maken van deze drie schalen, verbonden met elkaar en steunend op elkaar, bleef dit credo van de drie musketiers bij mij hangen.

MATERIAAL

2 blokken steekschuim
3 kunststof prikkers
3 schalen, oplopend in grootte
kling
10 takken vredespalm (Cycas revoluta)
15 krammen 4 cm
5 ridderspoor (Delphinium)
10 sneeuwbal (Viburnum)

Werkwijze

Laat de blokken steekschuim zich goed volzuigen in ruim water. Nooit onderduwen.
Zet de prikkers met een stukje kling vast op de droge schalen en plaats hierop het natte steekschuim.
Gebruik voor de kleinere schalen een half blok en voor de grote schaal een heel blok steekschuim.
Begin met de kleinste schaal en steek een tak van de vredespalm schuin in de zijkant van het steekschuim. Laat deze lijn doorlopen door bovenop het steekschuim ook vredespalm met krammen vast te steken. Zet bovenop twee bladeren tegen elkaar. Maak een vervolg in de andere schalen.
Begin weer bij de kleinste schaal met de ridderspoor.
Steek een lange tak langs de nerf van de vredespalm in het steekschuim.
Knip kleine stukjes van de ridderspoor en steek deze bovenop door de naalden van de vredespalm heen totdat al het steekschuim bedekt is.
Verdeel hierna de sneeuwbal over alle schalen. Het vergt tijd en soms wat zere vingers maar de Vredespalm blijft lang goed zodat nog een keer opmaken met nieuwe bloemen mogelijk is.
Haal de oude bloemen er uit. De vredespalm kan gewoon blijven zitten. Spoel groen en steekschuim goed uit en laat het één uur in ruim water staan.
Spoel het dan nog even na en zet nieuwe bloemen erin. Het blijft een 'gemaksoplossing' want er is altijd bacterievorming in het steekschuim aanwezig. Zorg dus voor sterke bloemen.

All for one and one for all.

NE
E
SE
S
SW
W
NW

Week 28

Chapeau

In de hal boven de kapstok, of aan een haakje aan de muur, voor deze prachtige hoeden is het vinden van een plaatsje nog het minste werk.

Grijze hoed met witte roosjes en lavendel

MATERIAAL

strohoed
500 g Spaans mos (Tillandsia)
5 grote berkenkurkenrozen
1 bosje lavendel
15 kleine berkenkurkenrozen
1 hortensiabol (Hydrangea)
15 bloemendraad nr. 6
naald met grijs naaigaren

Werkwijze

Naai met grote steken de Tillandsia op de hoed en laat het een stukje over de rand heen vallen.
Lijm de rozen op vijf punten in het mos vast. De grote in het midden en de kleine eromheen.
Maak van een bos lavendel vijftien kleine bosjes en lijm deze tussen de rozen.
Lijm als laatste een toefje hortensia ertussen en de hoed is af. Chapeau!

Grijze hoed met witte roosjes en lavendel.

Week 28

Vogelhoed

Werkwijze

Vorm van kippengaas een hoed met brede rand.
Bekleed de hoed met steenmos, de rand ook aan de binnenzijden. 'Naai' met draad van de wikkelklos het mos op het kippengaas.
Zet de vetbolletjes, de artisjokken en de maïskolf op satéstokken en zet deze in het mos.
Trosgierst, zaaddozen en pine needles kunnen zo in het mos gestoken worden en extra worden vastgezet met het lijmpistool.
Lijm alle overige materialen op de hoed. Plaats de hoed op een tuinbeeld of boomstronk en u kunt binnen wachten op het vogelbezoek.
Als de vogels in uw tuin echte veelvraten blijken te zijn, kunt u de smakelijke dis zo weer bijvullen.

MATERIAAL

kippengaas
steenmos
wikkelklos
3 vetbolletjes
3 kleine artisjokken
1 maïskolf (Zea Mays)
satéstokken
9 stengels trosgierst (te koop in dierenspeciaalzaak)
2 zaaddozen van sterrelook (Allium Cristophii)
3 zaaddozen van duifkruid (Scabiosa)
8 pine needles
lijmpistool met patronen
40 grote rozebottels
3 trosjes bramen (Rubus)

Op de foto: links,
de groene hoed
en rechts,
de vogelhoed.

Groene hoed

Werkwijze

Naai het steenmos over de bol van de hoed.
Naai de rododendronbladeren met een steekje vast aan de onder- en bovenzijde van de rand van de hoed.
Lijm alle verdere materialen naar eigen inzicht op de hoed.

MATERIALEN

strohoed
plakje steenmos
50 rododendronbladeren (Rhododendron)
naald met groen naaigaren
8 trossen nog niet rijpe vlierbessen (Sambucus)
9 groene lampionnetjes (Physalis)
22 zaaddozen van juffertje-in-het-groen (Nigella)
6 pluimen kanariegras (Phalaris canariensis)
3 zaaddozen Eucalyptus
1 hortensiabol (Hydrangea)
1 papieren vlinder
lijmpistool met patronen

Week 29

MATERIAAL

strokrans, middellijn 50 cm
breed kunststof tape of van een plastic vuilniszak geknipte stroken van 8 cm breed
30 grote krammen 5 cm
3 plakken steenmos
7 nog niet rijpe maïskolven
50 sierappeltjes (malus)
1 bos satéstokken
12 bloemen van de hortensia (Hydrangea Annabelle)
8 takken hertshooibessen (Hypericum)
5 takken braam (Rubus)
1 bloemendraad nr. 10

MATERIAAL

stukje steekschuim
potje
1 plak steenmos
10 krammen 4 cm
20 sierappeltjes (Malus)
3 trosjes onrijpe druiven (Vitis)
satéstokken

Scharrelen?

Als getrouwde vrouw scharrel ik heel wat af, maar voordat u de wenkbrauwen fronst of de telefoon pakt om uw medeleven te betuigen aan mijn echtgenoot: het is heel onschuldig!
Langs plantsoenen, bermen en in bossen scharrel ik mijn bloemstukken bij elkaar.

Scharrelkrans

Werkwijze

Omwikkel de krans met tape of stroken van de vuilniszak en zet het einde vast met een kram.
Steek de bloemendraad door de krans en maak hiervan een ophanglusje.
Verdeel de drie plakken mos over de krans en steek ze vast met krammen.
Verwerk de rest van de materialen. Maïs en appeltjes worden op een half satéstokje gezet en in de krans gestoken.
Hortensia, bessen- en bramentakken worden met een kram op de krans vastgezet.

Potje met mos, appeltjes en druiven

Werkwijze

Laat het stukje steekschuim zich in ruim water goed volzuigen. Nooit onderduwen.
Plaats het natte stukje steekschuim in het potje.
Zet het steenmos in bolvorm eromheen en kram het vast.
Zet de sierappeltjes op een satéstok en steek deze door het mos heen.
Kram de 3 trosjes druiven tussen de sierappeltjes

Op de foto middenachter: de mosvaas met veldboeket (beschrijving blz. 72), op tafel: het potje met mos, appeltjes en druiven en in de stoel: de scharrelkrans.

Week 29

Mosvaas met veldboeket

MATERIAAL

plastic doos of fritessaus-emmer
steenmos
wikkelklos
lijmpistool met lijmpatronen
watervast tape of plakband
6 doornige takken van een Roos
30 takken pastinaak (Pastinaca sativa)
10 takken boerenwormkruid (Chrysanthemum vulgare)
5 takken leverkruid (Eupatorium)
5 takken akkerkool (Lapsana communis)

Werkwijze

Omwikkel doos of emmer met steenmos en wikkel het stevig vast met de wikkelklos. Plak de rozentakken met het lijmpistool in een leuk patroon op het mos.

Van iedere oude bak of emmer kan zo iets leuks gemaakt worden.

Maak met plakband of watervaste tape een roostervorm over de bak zodat een aantal steekgaten ontstaat. Meestal is tweemaal horizontaal en tweemaal verticaal over de bak voldoende.

Zet met pastinaak driemaal een 10-basis (zie blz. 128 e.v.) in de bak op.

Schik de andere bloemen in een leuke compositie daar doorheen.

Mosvaas met veldboeket.

Week 30

Te mooi om uit te pakken

'Kom nog even langs als je zin hebt'.
Die onverwachte uitnodigingen, leuk, spontaan. Maar het cadeau?
Wat u ook inpakt, met zo'n prachtige decoratie die zo in een drijfschaal gezet kan worden is iedere gastvrouw blij.
Het materiaal is vergaard in een rondje door de tuin en het gekregen boeket in de huiskamer miste ineens wat bloemen.

Rode cadeau

(foto blz. 75)

Werkwijze

Laat de mini-deco zich volzuigen met water. Houd het met de hand vast aan het wateroppervlak zodat de lijmlaag van de sticker niet nat wordt.
Haal de sticker van de lijmlaag en plak de mini-deco op het pakje.
Maak een leuke compositie van klimop en Clematis.

MATERIAAL

1 mini-deco (zie blz. 74)
3 grote klimopbladeren (Hedera)
3 takken Clematis flammula

Groene cadeau

(foto blz. 75)

Werkwijze

Verwerk de mini-deco als hiervoor omschreven.
Knip de Alstroemeria en het leverkruid los van het scherm.
Steek in vrije compositie alle bloemen en de klimop in het steekschuim.

MATERIAAL

1 mini-deco (zie blz. 74)
2 klimopranken (Hedera)
5 klimopblaadjes (Hedera)
2 Alstroemeria
1 leverkruid (Eupatorium)
3 duifkruidknoppen (Scabiosa)
2 Bouvardia

Gele hoedendoos

(foto blz. 75)

Werkwijze

Vorm van het pakpapier een mooie roos en plak deze op de doos.
Bevestig de 2 mini-deco's op de wijze als hiervoor omschreven en maak met éénjarigen uit de tuin een leuke combinatie.

MATERIAAL

pakpapier
2 mini-deco (zie blz. 74)
éénjarige bloemetjes uit de tuin

Week 30

De fles

MATERIAAL

1 mini-deco
bloemetjes uit de tuin
1 laurierblad (Prunus)
2 krammetjes
1 trosje onrijpe druiven
2 bloemendraad nr. 6

Werkwijze

Bevestig de mini-deco* op de manier als hiervoor omschreven.
Buig het laurierblad om de hals van de fles en kram de uiteinden in de mini-deco vast.
Maak een leuke compositie van de bloemetjes.
Draai de bloemendraad om de steel van de druiventrosjes heen en steek deze als laatste in de mini-deco.

* Mini-deco is een steekschuimproduct. Het is leverbaar in natte steekschuim (groen) en in droge steekschuim (grijs). Een half bolletje steekschuim is op een kunststof omhulsel gezet. De andere kant van het kunststof is een kleefkant met afneembare sticker. In verhouding duur, maar zeer smaakvol te gebruiken.

Op de foto van boven naar beneden: de fles, het groene cadeau, de gele hoedendoos en het rode cadeau (beschrijvingen op blz. 73).

BRUT
BRUT

Week 31

Een prachtige waterval

De cascade (waterval) heeft de afgelopen tien jaar aan populariteit gewonnen.
Door zijn vorm leent hij zich goed voor grote stukken, die dan een rijke versiering voor een hal of een kerk kunnen zijn.

MATERIAAL

standaard op voet
groot steekschuim blok (zogenaamd Corsoblok)
watervast tape
2 palmbladeren (Chamaedorea)
5 kattestaart (Amaranthus)
1 suikerbossie (Proteaceae)
10 lisdoddebladeren (Thyphabladeren)
20 rozen (Rosa)
5 varenbladeren
3 hortensiabollen (Hydrangea)
2 takken brem
30 roze nerine
1 groene citrusvrucht
2 satéstokken

Werkwijze

Een cascade bestaat uit lijnen die de val naar beneden benadrukken.
Laat het grote blok steekschuim zich in ruim water langzaam volzuigen. Nooit onderduwen om luchtbelvorming in het steekschuim te vermijden.
Plaats het natte steekschuim op de grote schaal van de standaard en zet het vast door er kruislings watervast tape overheen te trekken. Zet het tape vast op de schaal.
Begin met het vlechten van de lisdoddebladeren.
Knip een recht stuk van het lisdoddeblad af en steek een aantal stukken lichtgebogen, horizontaal in het steekschuim.
Vlecht nu de bladpunten er verticaal doorheen met de bladpunten aan de onderkant.
Knak aan de bovenkant een stukje blad om en steek dit in het steekschuim.
Zet de citrusvrucht op satéstokken (zie blz. 133) en plaats deze in het steekschuim.
Plaats nu de suikerbossie en steek de twee palmbladeren achterin het stuk, iets schuin naar voren. Groepeer hierna alle materialen eromheen.
Steek zoveel mogelijk materialen schuin naar voren en afhangend naar beneden en slechts weinig naar boven en naar achter.
De roze nerine links in het stuk is in een groot vlak bij elkaar gestoken, waardoor de wat iele bloem toch wat massa maakt.
De rozen maken strak naast elkaar gestoken een sierlijke boog rechts naar beneden, waarbij enkele rozen tezamen met de kattestaart in het vallend gedeelte gestoken zijn.
Werk slechts één kant als waterval naar beneden zodat de vorm van de standaard goed zichtbaar blijft.

Een prachtige waterval.

Week 32

Een vogelvrije dame?

Waarom zijn vogelverschrikkers vaak lelijke mannen? Deze dame staat wapperend onder de pruimenboom en oogst vele bewonderende blikken. In een graanveld of als Sara is ze ook wonderschoon. Een werkstuk voor diegenen die de uitdaging aandurven.

MATERIAAL

1 (oude-) parasolstandaard
1 bamboestok 160 cm
1 bamboestok 36 cm schouders
2 bamboestokken 24 cm onderarmen
2 bamboestokken 20 cm bovenarmen
4 grote ronde kralen met flinke opening
1 droge steekschuimbol (18 cm middellijn)
1 handboortje
1 rol ijzerdraad van 2 mm dik
2 kratjes steenmos
40 wilgentenen 100 cm
3 wikkelklossen
10 volle takken met elzenproppen
2 takken snoeiafval kamperfoelie (Lonicera)
2 flinke plakken berkenschors
10 zaaddozen van tropische vruchten
1 uitgebloeide zonnebloem
1 hortensiabloem (Hydrangea Annabelle)
3 zaaddozen van duifkruid (Scabiosa)
40 grote krammen 7 cm
lijmpistool met lijmpatronen
20 halmen van een Miscanthus variëteit
20 rietpluimen (Phragmites australis)

Op de foto: een bijzondere en vogelvrije dame.

Werkwijze

Zet de grote bamboestok in de parasolstandaard. Boor 15 centimeter vanaf de bovenkant met het handboortje een gaatje door de bamboestok van voor naar achter. Trek er een ijzerdraad van 150 centimeter lengte tot de helft door. Leg de bamboestok van 36 centimeter horizontaal tegen dit gat. Maak kruislings met het ijzerdraad een sterke verbinding. Verwerk het overgebleven draad naar de schouderpartij. Knip twee stukken ijzerdraad van 175 centimeter. Rijg een kraal in het midden. Buig de uiteinden bij elkaar. Steek dit zo door de bamboestok van 24 centimeter (onderarm) dat de kraal aan het uiteinde van de bamboestok zit. De tweede kraal wordt de elleboog.

Trek de draden door de bamboestok van 20 centimeter (bovenarm). Maak één geheel van alle draden op de schouderpartij. Draai ze stevig om de bamboestokken heen. Plaats de steekschuimbol als hoofd. Lijm het vast met het lijmpistool. Bedek het hoofd met steenmos en kram dit vast. Boor op taille- en rokhoogte een gat van voor naar achter.

Trek een ijzerdraad van 25 centimeter door beide gaten bij de taille en één van 60 centimeter bij de rok. Draai van vier wilgentenen een krans om de taille. Draai van acht wilgentenen een krans op roklengte en bevestig de kransen stevig aan het ijzerdraad. Maak een skelet van de overige wilgentenen. Werk vanaf de taille naar boven en naar beneden. Bedek het figuur met steenmos. Omwikkel armen en borst en vorm aan de uiteinden van de armen een hand. Wikkel alles stevig vast met de wikkelklos.

Rijg de rok met korte steken door de steenmos vast aan het skelet. Steek de kamperfoelietakken aan de voorzijde in de taille en laat het vallend over de rok heen hangen. Neem het uiteinde weer op en breng dit naar de achterzijde van de taille. Zet het vast met de wikkelklos. Maak met behulp van de wikkelklos flinke trossen van de elzenproppen en kram ze vast in de taille. Lijm stukken schors als schouderpartij op het mos.

De zaaddozen van de tropische vruchten worden als een ketting om de hals gelijmd. Als hanger fungeert het zonnebloemhart. Leg de steel om de hals. Lijm deze vast aan de uitgebloeide bloem en lijm wat hortensiabloemen om het zonnebloemhart heen. Steek halmen en rietpluimen in het hoofd en lijm de drie scabiosazaaddozen op het voorhoofd.

Week 33

Op de foto links: de hoge vaas met kaars, rechts: de vaas met varenblad en seringen en op de voorgrond de vaas met hostablad en de twee vazen met waterplanten.

Doorzichtig glas

Al eeuwenlang is glas in al zijn vormen een uitdaging om te verwerken in bloemcomposities. De vazen en potten op de foto zijn van een zo gestroomlijnde vorm dat soberheid in het bloemstuk deze vorm geheel tot z'n recht laat komen.

Vaas met hostablad

MATERIAAL

grote, glazen vaas
glazen jampot
steenmos
kunststof steker
kling
1 blok steekschuim
7 takken Salomonszegel (Polygonatum)
15 hostabladeren
1 bloemendraad nr. 6
10 krammen 4 cm

Werkwijze

Zet een jampot omgekeerd in de vaas en vul rondom op met steenmos zodat de groene kant door het glas zichtbaar is.
Laat het blok steekschuim zichzelf goed volzuigen in ruim water. Nooit onderduwen.
Zet op de bodem van de jampot een kunststof steker met kling vast en plaats hierop het natte steekschuim.
Steek de Salomonszegel in het midden van het steekschuim. Buig de hostabladeren in de gewenste vorm en verwerk ze dakpansgewijs zodat de krammen niet meer zichtbaar zijn.
Buig van het dunne bloemendraad zelf een kram om hier vrijwel onzichtbaar het laatste blad mee vast te zetten.

Hoge vaas met kaars

MATERIAAL

hoge, slanke vaas
schelpenzand
grassprieten
kaars
gras
lijmpistool met lijmpatronen

Werkwijze

Vul de vaas met een laag schelpenzand.
Lijm wat grassprieten voorzichtig op de kaars en plaats de kaars in het schelpenzand.

Vaas met varenblad en seringen

MATERIAAL

hoge vaas
7 varenbladeren (Matteuccia struthiopteris)
5 seringen (Syringa)

Werkwijze

Vul de vaas met ongeveer 10 centimeter water. Zet het varenblad rondom tegen de wand van de vaas en de seringen in het midden.

Vazen met waterplanten

MATERIAAL

2 ruime vazen
waterhyacint (Eichhornia)
vlotvaren (Salvinia auriculate)

Werkwijze

Vul de vazen met water en plaats de waterplanten erin.

Week 34

Lavendelschoof

Lavendel, wie kent dit geurmiddel niet. De Latijnse naam Lavandula is afgeleid van lavare dat wassen betekent. Lavendel werd toen al gebruikt om het badwater te parfumeren.

MATERIAAL

1 bloemendraad nr. 10
droge steekschuim in banaanvorm van 50 cm
10 bossen gedroogde Lavendel (Lavandula)
30 stengels riet (Phragemites australis)
1 bos Eucalyptusblad
1 bos zaaddozen van juffertje-in-'t-groen (Nigella)
1 hortensiabol (Hydrangea)
25 bloemendraad nr. 6
20 krammen 4 cm
lijmpistool met lijmpatronen

Werkwijze

Steek de bloemendraad nr. 10 door de steekschuimvorm en maak een ophanglusje.
Steek het riet boven in de banaan ongeveer 10 centimeter uit elkaar. Volg de vorm van de banaan. Zet de lavendel in kleine bosjes op draad en plaats ze tussen het riet.
Doe hetzelfde met het Eucalyptusblad en de zaaddozen van het juffertje-in-'t-groen. Werk dakpansgewijs naar het midden van de banaan toe.
Kram bovenop de banaan het materiaal vast in plaats van steken zodat het plat op de banaan ligt.
Steek de afgeknipte stengels van het riet en de lavendel in de onderkant zodat het lijkt alsof het een bos vol bloemen is.
Lijm als laatste de hortensiabloemen tussen het werkstuk.

Lavendelschoof.

Week 35

Gladiolen stijf? Kom nou!

Grote gladiolen zien we in bloemstukken maar weinig verwerkt. Stastokken, onhandelbaar en stijf is vaak gehoord.
Een goede vriend van mij, een Bourgondische levensgenieter heeft de gladiool als lievelingsbloem en het contrast is echt niet zo groot. Vandaar dit uitbundige stuk als dank voor een goede vriendschap.

MATERIAAL

grote mand
steenmos
passende kunststof bak of emmer
vuilniszak
groot blok steekschuim (zogenaamd Corsoblok)
20 schitterende gladiolen (Gladiolus)
7 kastanjetakken met vrucht (Aesculus)
20 pluimen van de pruikenboom (Cotinus Royal Purple)

Werkwijze

Druk steenmos tegen de open gaten van de mand zodat de groene zijde door de gaten van de mand steekt.
Verhoog de bodem van de mand door de emmer of kunststof bak omgekeerd op de bodem te zetten.
Vouw de vuilniszak open en bekleed de gehele binnenzijde.
Leg het grote blok steekschuim in ruim water en laat het zich langzaam volzuigen. Nooit onderduwen.
Zet het natte steekschuim in de vuilniszak zodanig dat dit 5 centimeter boven de mand uitsteekt.
Verberg de rest van de vuilniszak tussen steekschuim en de rand van de mand.
Steek de gladiolen in het midden van het steekschuim in een groep bij elkaar maar op verschillende hoogte (parallelschikking, zie blz. 132).
Plaats de kastanjetakken eromheen en werk de pruikenboom losjes door de kastanjetakken zodat alle steekschuim bedekt is.

Gladiolen in een beeldschone schikking die maar weinig tijd vraagt.

Week 36

Weer naar school

Zo blij en opgewekt als kinderen aan het begin van de vakantie thuiskomen, zo blij en opgewekt kunnen ouders zijn als school weer begint.
Maar, we blijven ouders, dus toch nog even iets gezelligs als afsluiting van de vakantie.

MATERIAAL

platte schaal op voet
7 paardenbloemen (Taraxacum officinale)
haarlak
7 bloemendraad nr. 10
berkenstammetje 10 cm
1 spijker
hamer
deksel van fritessaus-emmertje
steenmos
rozenbottels
kling
2 kunststofstekers
2 stukjes steekschuim
coniferengroen
klimop (Hedera)
schelpenzand
lijmpistool met lijmpatronen

Werkwijze

Het zoeken van het natuurlijk materiaal met de kinderen is een uitje op zich.
Bespuit voor het plukken de pluizen van de paardenbloem vanaf 30 centimeter met wat haarlak zodat de pluizen niet uitvallen.
Als het materiaal verzameld is begint het werk.
Steek door de steel van de paardenbloem een bloemendraad en zet ze even in een vaas.
Zaag van het berkenstammetje één kant schuin af.
Spijker de deksel vast op de schuine kant van het stammetje.
Lijm het steenmos rondom op de hele deksel en werk aan de bovenkant naar een punt zodat de vorm van een paddestoel ontstaat.
Lijm de rozenbottels op het steenmos.
Zet de paddestoel met kling vast op de droge schaal.
Laat het steekschuim zich goed volzuigen in ruim water. Nooit onderduwen.
Bevestig de twee kunststofprikkers met kling op de schaal en plaats daarop een stukje nat steekschuim.
Steek in het ene stukje steekschuim een bosje coniferengroen en wat blaadjes klimop. In het andere stukje steekschuim worden zeven paardenbloemen gezet.
Werk het steekschuim weg met klimopblad.
Maak tussen de werkstukjes leuke heuveltjes van schelpenzand en het landschapje is klaar.

Weer naar school.

Week 37

Heerlijk lang tafelen

De zomerse dagen hebben heerlijke lange avonden die ruimte geven om buiten op het terras lang te tafelen.
Een barbecue of 'pak maar wat' buffet krijgt extra uitstraling met deze 'culinaire' bloemstukken.

Witlofschotel

MATERIAAL

flinke, platte schaal
1 blok steekschuim
klimop (Hedera)
kunststof steker
kling
11 stronkjes witlof
satéstokjes
3 bloemendraad nr. 6
10 dahlia's
3 peren
3 trosjes witte druiven
coniferengroen
10 takjes rotsheide (Pieris)
10 takjes met hertshooibessen
(Hypericumbessen)
7 bolletjes Craspidia globosa

Werkwijze

Laat het blok steekschuim zich volzuigen in ruim water. Nooit onderduwen.
Zet de steker met kling vast op de schone, droge schaal.
Plaats hierop het natte blok steekschuim.
Prik de witlofstronkjes op satéstokjes door ze er kruislings in te steken. Door de twee uiteinden naar elkaar toe te drukken en ze zo onder spanning in het steekschuim te steken blijven ook de zwaardere materialen stevig op hun plaats in het werkstuk zitten (zie blz. 133).
Zet de witlofstronkjes in druppelvorm in het steekschuim.
Vul binnen en buiten de druppelvorm op met groen en bloemen.
Steek de peertjes op satéstokjes en zet de druiventrosjes op draad.
Plaats deze als laatste verdeeld in het stuk.

Rabarberschotel

MATERIAAL

flinke platte schaal
kunststof steker
kling
1 blok steekschuim
10 krammen 5 cm
satéstokjes
10 bloemendraad nr. 6
5 rabarberstengels
1 krop sla (Lollo Rosso)
1 takje trostomaten
3 rode appels
2 rode paprika's
10 takjes rotsheide (Pieris)
7 takjes hertshooibessen
(Hypericumbessen)
3 takken klokken van Ierland
(Molucella)
8 sierappeltjes (Malus)

Werkwijze

Zet de steker met kling vast op de schone, droge schaal.
Plaats hierop het natte steekschuim (zie werkwijze witlofschotel hiervoor).
Snij de rabarber in aflopende stukken en zet deze langs de lange kant van het steekschuim met krammen vast.
Maak van de krop sla drie kleinere bosjes door de blaadjes met een bloemendraad samen te binden.
Zet alle zware materialen op satéstokjes (zie werkwijze witlofschotel hiervoor) en plaats ze in het steekschuim.
Verstevig de tak van de trostomaten met een bloemendraad aan een satéstokje en steek het geheel afhangend in het steekschuim.
Verwerk bloemen en groen er luchtig doorheen.

Op de foto van links naar rechts: de witlofschotel, de rabarberschotel en de groene appelschotel (beschrijving blz. 90).

Week 37

Groene appelschotel

MATERIAAL

flinke, platte schaal
kunststof steker
kling
1 blok steekschuim
2 zaaddozen van sterrelook (Allium Cristphii)
3 groene appels (Granny Smith)
2 artisjokken
5 limoenen
3 snijbonen
satéstokken
3 takken Pittosporum
3 kantbloemen (Ammi majus)
2 takken brem (Cytisus)
7 bloemendraad nr. 6
3 krammen 8 cm

Werkwijze

Zet de kunststof steker met kling vast op de schone, droge schaal.
Plaats hierop het natte steekschuim (zie werkwijze Witlofschotel blz. 88).
Omwikkel de brem met bloemendraad en plaats deze gebogen in het steekschuim.
Steek de zaaddozen van het sterrelook in het steekschuim.
Zet alle vaste materialen zoals artisjokken, limoenen en appels op satéstokken (zie werkwijze Witlofschotel blz. 88) en steek naar eigen inzicht in het object.
Werk af met groen en bloemen.
Buig als laatste de snijbonen voorzichtig in lusvorm en verbind beide uiteinden met een bloemendraad. Kram het snijboonlusje in het object.

Groene appelschotel.

Pittig stelletje

Het kruiden van onze conversatie doen we met pittige opmerkingen. Het kruiden van gerechten doen we tijdens de spijsbereiding. Kruidige geuren hangen boven deze composities die op mijn keukentafeltje in het zonnetje zijn gezet.

Rozemarijn met aardappelen

(foto blz. 93)

Werkwijze

Laat een blok steekschuim zich in ruim water volzuigen. Nooit onderduwen.
Plaats het natte blok steekschuim in de lengte in de vaas zodat het ruim boven de vaas uitsteekt.
Zet de strokrans hier overheen op de rand van de vaas. Zet de krans op enkele punten met een stukje kling vast op de rand van de vaas.
Zet de rozemarijn dakpansgewijs met krammen vast op de krans.
Verdeel de pepers over de krans en zet deze vast met een krammetje.
Zet de aardappels op 2 satéstokken in wigvorm (zie blz. 133) en plaats ze rondom in het steekschuim zodanig dat ze aansluiten op de krans.
Bind de bosjes salie bij elkaar en plaats die in het midden van de aardappelen zodat het als een pruikje over de aardappelen valt.

Week 38

MATERIAAL

vaas
1 blok steekschuim
strokrans die op de rand van de vaas past
kling
4 bosjes rozemarijn
12 Spaanse pepers
30 krammen 4 cm
8 aardappelen
16 satéstokken
2 bosjes salie
1 bloemendraad nr. 6

Week 38

Tijm met rozenbottels

MATERIAAL

vaas
½ blok steekschuim
strokrans die op de rand van de vaas past
kling
4 bosjes tijm
20 takjes kleine rozenbottels
plukje Spaans mos (Tillandsia)
6 kleine paprika's
3 satéstokjes
dun ijzerdraad of naaigaren
30 krammen van 4 cm

Werkwijze

Plaats het natte steekschuim (zie werkwijze rozemarijn met aardappelen, blz. 91) in de lengte in de vaas. Plaats de krans over het steekschuim op de rand van de vaas en zet het vast met wat kling.

Bekleed de krans dakpansgewijs met tijm en rozenbottels en kram deze goed vast.

Leg in het midden een plukje Tillandsia en zet drie paprika's op satéstokjes. Steek de paprika's door het mos heen vast in het steekschuim.

Maak een ijzerdraadje of naaigaren vast aan de andere paprika's en hang deze aan de krans door het uiteinde van het draadje om een kram heen te wikkelen en de kram vervolgens in de krans te drukken.

Vaas met Tillandsia, mint en pepers

MATERIAAL

vaas
kunststof steker
kling
½ blok steekschuim
plukje Spaans mos (Tillandsia)
12 sierpepers
2 bosjes mint
1 bloemendraad nr. 6
12 satéstokjes

Werkwijze

Zet de kunststof steker met kling vast in de schone, droge vaas.

Plaats het natte stuk steekschuim (zie werkwijze Rozemarijn met aardappelen, blz. 91) in zijn geheel op de kunststof steker.

Bedek het steekschuim in z'n geheel met Tillandsia.

Zet de pepers op een satéstokje en steek deze op de gewenste plaats in het steekschuim.

Omwikkel de bosjes mint met bloemendraad en druk het geheel in het midden in het steekschuim.

Op de foto van links naar rechts: tijm met rozenbottels, vaas met Tillandsia, mint en pepers en rozemarijn met aardappelen (beschrijving blz. 91).

Week 39

Grootmoeders boeket in hedendaagse vaas

Als ik zonnebloemen zie denk ik aan de volle velden in Frankrijk; aan de moestuin van mijn grootouders; aan de berm voor mijn huis. Allemaal redelijk dichtbij, terwijl de zonnebloem uit Zuid-Amerika komt.
De zonnebloem is een wereldbloem geworden.

MATERIAAL

strakke aluminium bak
1 blok steekschuim
6 anthuriumbladeren
8 sigaren van de grote lisdodde (Typha latifolia)
10 kleine zonnebloemen (Helianthus annuus)
10 middelgrote zonnebloemen (Helianthus lactiflorus)
3 takken sierappels (Malus)
10 takken hertshooibessen (Hypericumbessen)

Werkwijze

Laat een blok steekschuim zich in ruim water in ongeveer 90 seconden volzuigen. Nooit onderduwen.
Vul de bak met het natte steekschuim.
Plaats drie anthuriumbladeren laag, een beetje hangend over de bak.
Plaats de lisdodde in de vorm van een scherm en zet daar de drie overige anthuriumbladeren tussen.
Volg met het plaatsen van de grote zonnebloemen de lijn die nu gemaakt is.
Verwijder voorzichtig de kroonbladeren van de kleine zonnebloemen en zet deze dicht tegen elkaar in slingervorm tussen het werkstuk.
Steek als laatste de sierappels en de bessen in het object.

Grootmoeders boeket in hedendaagse vaas.

Week 40

Pronken met andermans veren

Het verwerken van 'vreemde' materialen in bloemstukken is een vrijheid die de creativiteit ten goede komt.
Fazantenveren zijn met hun diepe kleuren en prachtige tekening heerlijk om te verwerken.

Verenkrans

MATERIAAL

worteltakkenkrans
12 geïmpregneerde fazantenvleugels
8 ramsoren
20 gedroogde gele roosjes
12 skeletonblad
34 kastanjes
9 gele kogelbloemen (Craspedia globosa 'Drumstick')
lijmpistool met patronen
1 bloemendraad nr. 10

Werkwijze

Steek de bloemendraad door de krans en maak er een ophanglusje van.
Verdeel de fazantenvleugels over de krans.
Lijm ze vast.
Schik hier alle andere decoratiematerialen omheen en lijm ze vast.

Duo-vazen

MATERIAAL

2 vazen
schelpenzand
bloemistenklei
2 kale (dode) takken in geweivorm
10 geïmpregneerde fazantenvleugels
12 takjes salie
lijmpistool met patronen

Werkwijze

Vul de vazen met zand zodat ze stevig staan.
Druk een bolletje bloemistenklei in de opening en steek de takken in de vazen zodanig dat ze gezamenlijk een gewei vormen.
Lijm de vleugels op de vaas en klei en steek salietakjes in de klei.

Op de foto boven: de verenkrans en onder: de duo-vazen. Het maken van deze laatste decoratie ging veel sneller dan het zoeken in het bos naar de geschikte takken. Uiteindelijk vond ik deze dode takken van een klimop op een omgewaaide boom. Met het herfstzonnetje erbij toch een heerlijke onderneming.

Week 41

Te lang buiten laten staan?

Deze opmerking hoor ik vaak van onze bezoekers als ze de fiets met mand voor het tuinhek zien staan.
In de mand volgen de bloemen of planten de seizoenen op de voet.

MATERIAAL

oude fiets
oude fietsmand
draadtang
3 wikkelklossen
3 kratjes steenmos
emmertje
1 blok steekschuim
3 artisjokken
10 takken klimop (Hedera)
6 takken rozenbottels
2 takken elzenproppen
10 kastanjes
10 satéstokken

Werkwijze

Knip met de draadtang een aantal (de meeste) spaken uit de wielen, zodanig dat er verdeeld over elk wiel vijf keer twee elkaar kruisende spaken overblijven.
Maak de wikkelklos vast aan de fiets en omwikkel de gehele fiets, inclusief alle onderdelen, met een laagje mos. Omwikkel de overgebleven spaken per twee elkaar kruisende spaken als één.
Leg het steenmos over de fietsmand en steek met de draad van de wikkelklos erdoor heen.
Omwikkel het hengsel met steenmos.
Zet hierin het emmertje en leg hierin het blok steekschuim dat zich eerst in ruim water heeft kunnen volzuigen. Nooit onderduwen.
Steek de drie artisjokken in het steekschuim en plaats alle overig groen, rozenbottels en elzenproppen er sierlijk omheen.
Prik de satéstokken in de kastanjes en plaats deze als laatste in de compositie.

Week 42

Hoorn des overvloeds

De hoorn van de geit Amalthea uit de Griekse mythologie waaruit alles stroomde wat men wenste is een beetje te veel van het goede. Maar aan een hoorn die overvloeit van bloemen kan ik weinig weerstand bieden.
Een tweede leven krijgt de hoorn wanneer we hem later vullen met dennenappels.

MATERIAAL

50 cm kippegaas van 50 cm breed
5 plakken steenmos
1 wikkelklos
1 blok steekschuim
1 plastic zak
10 takjes klimop (Hedera)
10 takjes rotsheide (Pieris)
10 Gerbera's
15 Craspidia globosa
5 bloemendraad nr. 6
15 zaaddozen van de scabiosa
10 takjes hulst (Ilex)
10 takjes duizendblad (Achillea)
5 strengen hop (Humulus lupulus)

Werkwijze

Vorm van kippegaas een hoorn en bekleed deze met steenmos.
Omwikkel het geheel stevig met de wikkelklos.
Steek een blok nat steekschuim dat zichzelf in ruim water heeft kunnen volzuigen voor de helft in de plastic zak en schuif het zover de hoorn in tot het goed vastzit.
Zet eerst een 10-basis op (zie blz. 128 e.v.) met klimop en daarna met rotsheide.
Vervolg met een 10-basis van de Gerbera's.
Verwerk de rest van de bloemen er luchtig doorheen.
Drie kogelronde gele Craspidiabolletjes zijn met een bloemendraad direct onder de bolletjes bij elkaar gebonden en verwerkt.
De hulst en het duizendblad vullen nu de laatste open plekken.
Als laatste worden de strengen hop in het stuk gestoken.

Op de foto boven: hoorn met dennenappels (beschrijving blz. 102) en onder: hoorn des overvloeds.

Week 42

MATERIAAL

oude hoorn des overvloeds
1 blok steekschuim voor droogmateriaal
45 middelgrote dennenappels
10 zijden blaadjes in herfstkleur
lijmpistool met lijmpatronen
55 bloemendraad nr. 6

Hoorn met dennenappels

(foto blz. 101)

Als het bloemstuk verwelkt, zorgen de dennenappels voor een blijvende decoratie aan de buitengevel.

Werkwijze

Haal het oude steekschuim uit de hoorn en herstel waar nodig met wat steenmos.
Vul de hoorn met het nieuwe droge steekschuim.
Zet alle dennenappels en zijden blaadjes op draad (zie blz. 134).
Begin met de buitenrand en zet alle dennenappels dicht tegen elkaar.
Als de rand compleet is lijm dan alle dennenappels onderling vast. Werk daarna naar het midden toe.
Zet af en toe een zijden blaadje tussen de dennenappels.
Door de schubben van de dennenappels strak tegen elkaar aan te drukken wordt de bol een stevig geheel.

Geen 'gevulde' Pompoen

(foto blz. 105)

Een paar jaar geleden was het een rage om uitgeholde pompoenen te vullen met schitterende, grote bloemstukken.
Vaak stond het bloemstuk van sterke herfstbloemen nog in volle pracht, als de pompoen na enkele dagen al begon weg te rotten.
Dus hollen we niet uit maar 'vullen' wel.

Werkwijze

Plak de kunststof schaal met kling vast bovenop de pompoen.
Zet de 3 kunststof stekers met kling vast op de schone, droge schaal.
Leg 3 blokken steekschuim, die zich eerst in ruim water hebben kunnen volzuigen op de kunststof stekers.
Vouw het kippengaas over het geheel en plak de randen met watervast tape aan de schaal vast. Dit geeft stevigheid aan het steekschuim als er veel en zwaar materiaal wordt ingestoken.
Zet in vrije vorm een facing op (zie blz. 130) met de takken van meidoorn, Aucuba, coniferengroen en sierappels.
Werk voldoende afhangend zodat de rand van de schaal ook gedeeltelijk bedekt wordt.
Plaats nu de twee artisjokken.
Verwerk als laatste alle bloemen in vrije, afhangende vorm zodat de kunststof schaal niet meer zichtbaar is.
Zo genieten we van onze 'gevulde' pompoen en het exemplaar kan nog lang nadat het bloemstuk uitgebloeid is als decoratief object gebruikt worden.

Week 43

MATERIAAL

grote pompoen
platte kunststof schaal middellijn 40 cm
kling
3 kunststof stekers
3 blokken steekschuim
stuk kippengaas van 50 x 50 cm.
watervast tape
5 takken met bessen van de meidoorn (Crataegus)
5 takken Aucuba
10 takken coniferengroen
3 takken sierappels (Malus)
2 artisjokken met steel
10 lelies (Lilium)
15 Gerbera's
10 pluimhanekam (Celosia)
10 Crocosimia

Week 43

Een tweede leven

MATERIAAL

pompoenen of kalebassen (hergebruik)
scherp mesje
grote waxinelichten

Werkwijze

Snijd de kap van de pompoen of kalebas eraf en verwijder het zachte vruchtvlees met een lepel.
Teken op een stuk stevig karton een model dat u uit de vrucht wilt wegsnijden. Bij een steeds terugkerend model zoals bijvoorbeeld dennenbomen zorgt de mal voor gelijke bomen.
Speld de mal vast op de pompoen en snijd de vorm voorzichtig uit.
Tekenen met behulp van de mal op de vrucht kan natuurlijk ook goed.
Zet een waxinelichtje in de vrucht en hij doet dienst als lampion (Sint Maarten of kerst).
Wrijf een bewerkte pompoen om hem zo lang mogelijk goed te houden direct in met plantaardige olie of vaseline en zet hem tot gebruik op een koele plaats.
Vanwege de korte levensduur van een versierde pompoen of kalebas is het verstandig dit object kort voor het feestvieren te maken.

Foto rechts: niet uitgehold, wel 'gevuld' is deze pompoen (beschrijving blz. 103). Foto links: detail van lelies en Gerbera's.

Week 44

Een laatste groet

Als je wordt geboren is maar één ding zeker: je gaat ook dood. Hoe de periode tussen deze twee gegevens loopt is voor ieder anders.
Het maken van een grafstuk voor een bekende is voor mij een dankbetuiging voor wat deze persoon in die tussenliggende periode voor mij heeft betekent. Veel van deze gevoelens kun je kwijt in deze laatste groet en ter nagedachtenis.

MATERIAAL

graftakhouder
2 satéstokken
5 krammen 8 cm
1 flink stuk kussentjesmos (Grimmia pulvinata)
7 Anthuriumbladeren
15 aronskelken (Zantedeschia)
10 takjes rotsheide (Pieris)
5 siergras (Panicum virgatum)
3 graspluimen (Chenopodium quinoo)
5 kattestaart (Amaranthus)
7 judaspenning (Lunaria)
7 duizendknoop (Achillea)
1 graflint met tekst
1 bloemendraad nr. 6

Werkwijze

Laat de graftakhouder zich goed volzuigen met water. Nooit onderduwen.
Leg het stuk mos in het midden van de houder en steek er twee satéstokken doorheen. Het mos is de rustplaats in het stuk.
Steek de randen met krammen vast.
Steek vier Anthuriumbladeren aan de onderkant en drie aan de bovenkant van het mos.
Steek aan de bovenkant tien aronskelken en werk losjes af met wat rotsheide en het siergras; symboliek voor de luchtige kant van het leven.
Steek aan de onderkant 3 zware graspluimen, symboliek voor de serieuze kant van het leven van de overledene, en werk het stuk af met de rest van de materialen.
Bind het lint aan één kant vast met een bloemendraad en steek dat in het stuk.

Een persoonlijke laatste groet.

Groet

Week 45

Helemaal ondersteboven van chrysanten

Als ik tijdens de cursussen aangeef de volgende keer met chrysanten te willen werken, stijgt er altijd een afkeurend gemompel op.
Maar zodra men geleerd heeft hoe fantastisch deze bloem gebruikt kan worden is men enthousiast.
Een heerlijke herfstbloem, in heel veel kleuren en variëteiten te koop.

MATERIAAL

2 identieke vazen
1 ½ blok steekschuim
candle-cup
kling
1 rondje steekschuim
4 delen van een kunststof guirlande
5 krammen 8 cm
1 bloemendraad nr. 6
1 bos salie
3 bossen chrysanten

Werkwijze

Laat al het steekschuim zich in ruim water volzuigen. Niet onderduwen.
Plaats een half blok steekschuim in één vaas en zet het hele blok steekschuim er bovenop, zodanig dat het ruim boven de rand van de vaas uitsteekt.
Druk de tweede vaas ondersteboven stevig op het steekschuim, echter zodanig dat nog circa tien centimeter van het stuk steekschuim zichtbaar blijft.
Zet de candle-cup met kling goed vast op de bovenste vaas en plaats het natte rondje steekschuim in de candle-cup.
Vul de delen van de guirlande* met nat steekschuim en klik ze aan elkaar vast.
Bevestig de guirlande bovenaan met kling en een bloemendraad vast.
Steek de onderkant van de guirlande met krammen vast in het tussenliggende steekschuim zodanig dat een sierlijke vorm ontstaat. Bij extra hoge vazen zonodig een deel kunststof guirlande meer gebruiken.
Begin met kleine takjes van de salie in te steken, zodat de hele vorm licht gevuld wordt met salie.
Knip daarna de chrysanten in kleine stukjes en vul alles op totdat een mooi dicht geheel ontstaat.
Met een plantenspuit is het gemakkelijk water geven.

* De kunststof guirlande in tien delen is nog niet zo lang op de markt. De afzonderlijke delen kunnen gemakkelijk aan elkaar geklikt worden zodat een krans ontstaat. Het steekschuim kan gemakkelijk ververst worden. Echt een aanwinst.

Helemaal ondersteboven van chrysanten.

Week 46

Je ziet door de bomen het bos niet meer.

Nee, het bos komt er dit keer niet aan te pas.
Deze combinatie van droogbloemen en mos is een aanslag op het budget maar door de zeer lange houdbaarheid toch besparend.

Beukenbladbol

MATERIAAL

plastic zak
1 vaas
krantenpapier
1 zakje snelcement
1 mooie tak van kronkelhazelaar
1 steekschuim bol sec (voor droogmateriaal)
lijmpistool met patronen
3 bossen gedroogd beukenblad
plakje steenmos

Werkwijze

Plaats de plastic zak in de vaas en prop deze stevig tot de helft vol met krantenpapier.
Meng het snelcement met water aan.
Zet de tak van de kronkelhazelaar in de pot tot op de kranten en vul deze op met het snelcement. Laat het geheel even uitharden.
Zet de steekschuim bol op de bovenkant van de stok en lijm deze vast met het lijmpistool. Knip de takken van het beukenblad in kleine stukjes en steek de bol vol met het blad in een mooie ronde vorm.
Dek tot slot het snelcement af met een plakje steenmos.

Kegelbomen

MATERIAAL

2 vazen
2 kant-en-klare kegelbomen van steekschuim (voor droogmateriaal)
12 ramsoren (Palm coil)
16 plakken Waldmos
20 gedroogde rozen
10 gedroogde Sedumbladeren
5 gedroogde hortensiabollen
2 takken Eucalyptusblad
10 hele en 5 halve exotische zaaddozen
20 zaaddozen van juffertje-in-'t-groen (Nigella)
30 krammen 4 cm
lijmpistool met patronen
2 plakjes steenmos

Werkwijze

Zet de kegelbomen in de vazen.
Steek een ramsoor boven in de kegelbomen en zet ze met een druppeltje lijm vast.
Verdeel de plakken Waldmos over de bomen en kram ze vast.
Lijm verder alle materialen in een leuke compositie op de kegelbomen.
Bekleed de onderkant van de bomen door er plakjes Waldmos op te krammen.
Werk de vaasopening af met wat steenmos.

Op de foto in het midden: de beukenbladbol en links en rechts daarvan de kegelbomen.

Week 47

Kosteloos materiaal

Speurend door bossen en velden; veelvuldig naar de grond reikend; rozenbottels en elzenproppen plukkend. Zo breng ik graag de mooie herfstmorgens door.
Ook bewijst een oud, uitgebloeid zonnebloemenboeket nog zijn diensten.

Elzenproppenkrans

MATERIAAL
strokrans, middellijn 25 cm
kunststof tape of stroken plastic vuilniszak van 8 cm breed
40 krammen van 4 cm
1 bloemendraad nr. 10
elzenproppen

Werkwijze
Omwikkel de strokrans met kunststof tape of de stroken van een vuilniszak.
Zet het uiteinde vast met een kram.
Steek de bloemendraad door de krans en maak een ophanglusje.
Kram alle elzenproppen dicht tegen elkaar aan.

Zonnebloemenkrans

MATERIAAL
grote strokrans, middellijn 50 cm
1 bloemendraad nr.10
14 uitgebloeide zonnebloemen
40 satéstokjes

Werkwijze
Steek de bloemendraad door de krans en maak een ophanglus.
Knip de stelen heel kort van de rug van de zonnebloem, zodat deze makkelijk te vormen is.
Probeer zoveel mogelijk buisbloemen van het hart te verwijderen door met duim of zacht borsteltje te vegen. De zonnebloemen schimmelen dan minder snel.
Buig de zonnebloemen over de krans en prik ze vast met satéstokjes.

Beukennotenkrans

MATERIAAL
strokrans, middellijn 25 cm
hulsjes van de beukenoot
1 bloemendraad nr. 10
lijmpistool met lijmpatronen

Werkwijze
Laat de vruchthulzen goed drogen zodat ze mooi openspringen.
Steek de bloemendraad door de krans en maak er een ophanglus van.
Lijm alle hulzen op de krans.

Op de foto boven: de zonnebloemkrans, rechts: de rozenbottelkrans (beschrijving blz. 114), in het midden: de Tillandsiakrans met kastanjes (beschrijving blz. 114), rechts: de beukennotenkrans en links: de elzenproppenkrans.

Week 47

MATERIAAL

veenmos (Sphagnum)
kippengaas 50 cm hoog en 120 cm lang
wikkelklos
steenmos
kastanjes
handboortje
dun ijzerdraad
kralen
satéstokken
spuitbus vernis voor buiten

Kastanjeguirlande

Werkwijze

Rol het veenmos in het kippengaas en vorm hiervan een guirlande door het gaas aan de uiteinden iets in elkaar te drukken.
Omwikkel het geheel met de wikkelklos.
Leg over de hele guirlande steenmos en wikkel opnieuw alles goed vast en maak tegelijk met het draad van de wikkelklos aan de uiteinden zeer stevige ophanglussen, want de guirlande wordt nogal zwaar.
Neem 90 kastanjes en doorboor deze met het handboortje. Knip 20 centimeter van het dunne ijzerdraad en rijg de kraal in het midden van de draad. Draai

beide uiteinden in elkaar.
Steek dit gedraaide uiteinde door het gaatje in de kastanje zodat de kraal onderaan de kastanje komt te hangen.
Draai 45 kastanjes in trossen in elkaar, zodat een druiventros ontstaat.
Steek de overige kastanjes op een halve satéstok en prik ze op de guirlande totdat deze goed vol zit.
Duw nog wat steenmos tussen de kastanjes.
Maak de kastanjetrossen vast aan de uiteinden van de guirlande met behulp van de wikkelklos.
Bespuit het geheel met buitenvernis.
Een 'zwaargewicht' waarvan lang plezier te beleven valt.

Kastanjeguirlande.

Rozenbottelkrans

(foto blz. 113)

MATERIAAL

krans van droog steekschuim
bloemendraad nr. 6
rozenbottels
knopspelden

Werkwijze

Steek de bloemendraad door de krans en maak er een ophanglusje van.
Steek alle rozenbottels vast met een knopspeld totdat de krans geheel bedekt is.

Tillandsiakrans met kastanjes

(foto blz. 113)

MATERIAAL

strokrans
18 kastanjes
18 cocktailprikkers
bloemendraad nr. 10
20 g Spaans mos (Tillandsia)

Werkwijze

Zet de kastanjes op een cocktailprikker.
Steek de bloemendraad door de krans en maak er een ophanglusje van.
Verdeel de Tillandsia over de krans en steek de kastanjes door de mos in de krans.
Het is in deze krans heel goed mogelijk Tillandsia uit een vroeger werkstuk te hergebruiken.

Week 47

Week 48

Op de foto op bladzijde 116-117: kandelaarversiering, lampionnenkrans en een bonbonnière gevuld met granaatappels. Zorg dat de granaatappels goed droog zijn, zodat ze niet gaan schimmelen. Laat eventueel de deksel iets open.

Schouwversiering

Vaak praten we over de herfst of winter in negatieve zin. Het regent, het is guur, alles is kaal. Dat is natuurlijk waar, maar ik vind daarin de stimulans om het binnen gezellig te maken. Alle aandacht gaat weer uit naar de plek waar we de open haard of kachel branden; dus weg die onbestemde post en rommeltjes. Maak plaats voor een fraaie schouwversiering.

Kandelaarversiering

(foto blz. 116-117)

MATERIAAL

1 kandelaar
1 candle-cup
kling
1 steekschuimrondje
1 kaars
1 granaatappel (Punica granatum)
1 aardbeimaïs
4 satéstokken
3 ranonkels (Ranunculus)
3 hanekammen (Celosia)
3 galaxbladeren
3 takjes conifeer
3 takjes rotsheide (Pieris)
3 takjes leucothoë
1 takje brem (Cytisus)
1 rietpluim
3 lampionnetjes (Physalis)
3 trosjes met bessen van de Viburnum
6 bloemendraad nr. 6

Werkwijze

Zet de candle-cup met kling vast in de kandelaar.
Laat het steekschuimrondje zich eerst even volzuigen in water zonder het onder te drukken.
Plaats het natte steekschuim in de candle-cup en steek de kaars door het midden van het rondje goed vast in de candle-cup.
Zet de granaatappel en de aardbeimaïs op satéstokken en plaats deze in het stuk (zie blz. 133).
Ranonkels en hanekammen hebben zachte stelen. Prik daarom, voordat de bloemen geplaatst worden, met een stokje een gaatje in het steekschuim zodat de steel van de bloem niet knakt. Plaats eerst de ranonkels en daarna de hanekammen in het steekschuim.
Steek dan alle groensoorten in vloeiende lijn, naar beneden aflopend in de candle-cup totdat deze niet meer zichtbaar is.
Plaats het brem en de rietpluim nu in de compositie.
Zet de lampionnetjes op draad (zie blz. 134) en steek ze in de compositie.
Maak van de trosjes bessen mooie, compacte trosjes door een bloemendraad vlak onder de besjes te trekken. Steek deze als laatste in het werkstuk.

Lampionnenkrans

(foto blz. 116-117)

MATERIAAL

strokrans
1 bloemendraad nr. 10
lampionnetjes (Physalis)
lijmpistool en patronen

Werkwijze

Steek de bloemendraad door de krans en maak er een ophanglusje van.
Lijm met het lijmpistool alle lampionnetjes dicht tegen elkaar op de krans.

Week 49

Sinterklaasje kom maar binnen met je knecht

Gelukkig vieren velen nog het traditionele, oer-Hollandse sinterklaasfeest. Zo ook bij ons thuis; een leuk gezinsfeest met surprises en gedichten. De rest van de pakjes in de mosmanden en een traktatie voor het paard in de mosklomp.

Cadeaumand

(foto blz. 120-121)

MATERIAAL

2 opengewerkte manden
1 kratje steenmos
2 passende emmertjes
wikkelklos
lijmpistool met lijmpatroon
sint en piet van chocolade

Werkwijze

Leg de plakken mos in de opengewerkte manden, zodanig dat het mos iets door de openingen heen steekt.
Zet de emmertjes in de manden zodat het mos goed tegen de buitenzijde aangedrukt wordt.
Maak het mos aan de bovenrand van de mand vast met de wikkelklos.
Vorm van een plakje mos een strik en wikkel deze om het hengsel.
Lijm de chocoladefiguurtjes in het midden.
Vul tot slot de mand met pakjes.

Mosklomp

(foto blz. 120-121)

MATERIAAL

klomp
wikkelklos
3 plakken steenmos
boormachine
wortels of ander voer

Werkwijze

Boor in de klompzool, vlak langs de opstaande kant wat gaatjes.
Maak de wikkelklos vast aan de klomp.
Leg wat plakken mos op de voorvoet van de klomp en omwikkel deze stevig met de wikkelklos.
Leg wat mos tegen de opstaande kanten van de klomp en zet dit vast door de draad van de wikkelklos door de boorgaten heen te steken.
De binnenzijde van de klomp wordt niet bekleed, dus kan hij gevuld worden met wortels of ander voer voor het paard van sinterklaas.

Sinterklaasje kom maar binnen met je knecht (foto blz. 120-121).

Week 50

Rudolph het rendier

Niet meer weg te denken uit kerstliedjes en -films is 'Rudolph the red-nose reindeer', als trouw lastdier van de kerstman.
Nu als voordeurversiering.

MATERIAAL

20 cm ijzerdraad van 5 mm dikte
wikkelklos
1 zakje (250 g) hooi of stro
4 plakken steenmos
2 satéstokken
1 kram 4 cm
1 stuk kussentjesmos (Grimmia pulvinata)
2 takken in geweivorm
rode strik
1 bloemendraad nr. 10

Werkwijze

Buig het ijzerdraad vanuit het midden in een hoek van 90°.
Maak de wikkelklos vast aan deze ijzeren haakvorm en omwikkel de haak met hooi of stro zodat ruw de vorm van het rendierhoofd ontstaat.
Het horizontale deel van de haak wordt de snuit en het verticale deel wordt het hoofd. Blijf wikkelen tot de vorm helemaal goed is.
Omwikkel het hoofd met steenmos en maak van het steenmos ook een halsstukje.
Maak twee oren door wat mos stevig te omwikkelen en te vormen.
Prik de oren met satéstokken vast op het hoofd en omwikkel het geheel nog met de wikkelklos. Zonodig mos toevoegen tot de ideale vorm ontstaat.
Steek de twee geweitakken in het hoofd en knip eventuele overdadige takken weg.
Kram het stukje kussentjesmos op het voorhoofd.
Bevestig de strik aan de hals.
Maak met de dikke bloemendraad aan de achterkant een ophanglus en de voordeurdecoratie is klaar.

Rudolph the red-nose reindeer.

Week 51

De kerststal

Kerst, een feest vol begrip, liefde en warmte.
Met deze gedachten stond ik bij mijn kerststalletje te mijmeren toen één van mijn kinderen haar lange armen om mij heensloeg en zei: 'heel mooi mam en we gunnen velen die een plaatsje zoeken nog steeds geen dak boven hun hoofd'. Een rake opmerking van een jong-volwassene!

MATERIAAL

kling
kunststof steker
grote, ronde platte schaal of dienblad
1 blok steekschuim
3 stengels van de Japanse duizendknoop (Polygonum)
6 takken kornoelje (Cornus alba)
6 grote stukken kussentjesmos (Grimmia pulvinata)
6 takjes met vruchten van de Wonderboom (Rhinus)
5 takjes hulst (Ilex)
5 takjes klimop (Hedera)
16 satéstokken
figuren voor een kerststal
lijmpistool met patronen

Werkwijze

Zet met kling de kunststof steker vast op de schaal.
Plaats hierop het natte steekschuim dat zich eerst in ruim water heeft kunnen volzuigen.
Knip de stengels van de Japanse duizendknoop in stukjes en zet deze als aflopend scherm op het steekschuim.
Steek de rode kornoeljetakken sierlijk aan beide kanten van de schaal.
Leg de stukken mos op het steekschuim, zodanig dat er in ieder geval van de schaal in vooraanzicht niets meer te zien is.
Steek de mos in het steekschuim met satéstokjes vast en werk de rest van het steekschuim weg met de zaaddozen van de wonderboom.
Bedek de achterkant met stukjes hulst en takjes klimop zodat geen steekschuim meer zichtbaar is.
Plaats de figuren in de kerststal.
Sommige figuren zijn vastgezet met een satéstok die ik met het lijmpistool aan het figuurtje heb vastgezet.

De kerststal.

Week 52

Kerst, sfeervol, warm en uitnodigend

Lang vóór de kerstdagen plannen we deze dagen. Blijven we thuis? Gaan we weg? Wie zullen we vragen? En wat eten we? Met één vraag kan ik u helpen. Deze decoratie staat op tafel.

MATERIAAL

ronde platte schaal of groot bord
kunststof steker
kling
½ blok steekschuim
steekschuimbol met 15 cm middellijn
40 krammen van 4 cm
1 lange kaars
5 satéstokjes
10 takken sparrengroen (Picea)
50 laurierbladeren (Prunus)
15 bloemendraad nr. 6
30 glasballetjes
3 amaryllissen (Hippeastrum)
9 rozen (Rosa)
10 kangoeroepootjes (Anigozanthos)
10 safarirood (Leucadendron)

Werkwijze

Zet de kunststofsteker met kling vast in het midden van een schone droge schaal.
Laat al het steekschuim zich in ruim water goed volzuigen. Nooit onderduwen.
Plaats het natte blok steekschuim op de steker.
Bekleed de natte steekschuimbol dakpansgewijs met laurierbladeren, door deze met krammen in de bol vast te zetten.
Plaats de bol boven op het blok steekschuim en steek met de kaars door de bol heen in het blok. Voor extra stevigheid de bol met satéstokjes bijsteken.
Steek de sparrentakken in het steekschuim zodat de schaal bedekt is.
Draai van 30 laurierbladeren trechtertjes en zet de punt vast met een halve bloemendraad.
Steek de glasballetjes in de trechtertjes en plaats de gevulde trechtertjes rondom de bol.
Zet op drie punten in het blok steekschuim een amaryllis. Om de grote holle stelen niet te laten breken eerst voorprikken met een stokje.
Maak daarna met de rest van de materialen de compositie compleet.
De bol kan in januari nog dienst doen als vrijstaand object in een plantenbak of op een schaal.

Een prachtige decoratie voor de kersttafel.

Het is niet moeilijk om op een cursus of workshop iets moois te maken. Als u even wanhopig dreigt te worden is daar de helpende hand van de cursusleider die bloem of tak daar neerzet waar hij thuishoort.

Natuurlijk! Die plaats heeft u zelf ook even in gedachten gehad. Aarzelend hingen uw vingers boven die plek. Maar ja, de onzekerheid bood nog drie opties...

Om die onzekerheid in het begin weg te nemen vind ik het aanleren van een systeem belangrijk.

Het is een systeem om een aantal schikkingsmogelijkheden voor iedereen toegankelijk te maken. Het biedt een houvast die onzekerheid omtovert in 'zo gaat het goed'.

Ik roep dan ook bij iedere beginnerscursus: *'Tellen! Denk om je 10-basis!'*

Als u deze basis kent en leert toepassen kunt u zelf al een aantal variaties op diverse stijlen maken. Als de vorm goed is volgt al snel een mooi resultaat.

DE BOLVORM

Begin met 10 takjes groen van één soort en steek die in het steekschuim zoals in tekening 1 staat aangegeven. Dus gewoon van 1 tot 10 tellen.

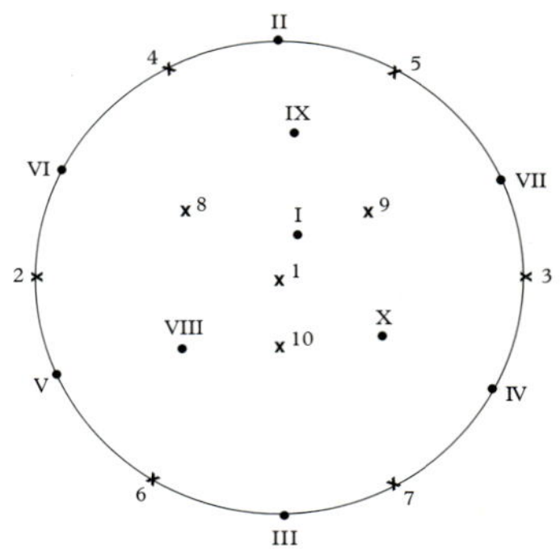

Tekening 1 (bovenaanzicht)

Met 1 in het midden van het stuk bepaalt u de hoogte; 2 en 3 bepalen de breedte en met 4, 5, 6 en 7 maakt u het stuk mooi rond. 8, 9 en 10 zijn de verbindingsstukken tussen hoogte en breedte en staan in een driehoeksvorm om de 1 heen.

Neem 10 takjes van een andere groensoort. Draai uw werkstuk een kwartslag en dan volgt de tweede 10-basis, op de tekening weergegeven in Romeinse cijfers. U ziet dat u na tweemaal een 10-basis al een mooi gevuld geheel hebt met gelijke tussenstukken.

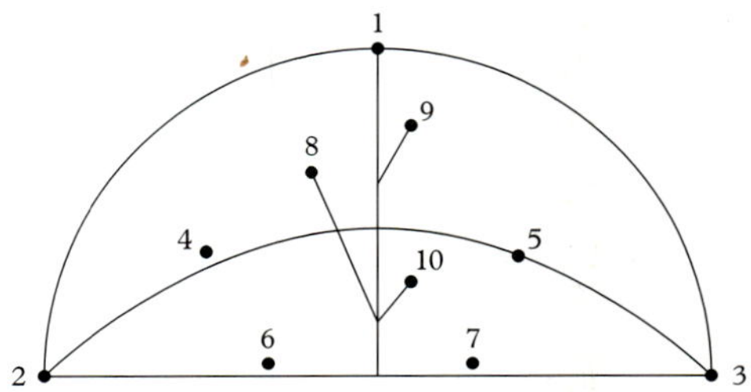

Tekening 2 (zijaanzicht)

Tekening 2 laat zien hoe de bolvorm tot stand komt. U zult later zien dat sommige stukken wel kunnen bestaan uit vier- of vijfmaal een 10-basis.

Zacht lint, in lussen, verfraait het bloemstuk op de hoge vaas. De lage vaas is een losse biedermeier met toeven lint ertussen gewerkt, opgezet volgens de 10-basis (zie hierboven).

HET LANGWERPIGE OF OVALE STUK

Door 2 en 3 verder uit elkaar te zetten ontstaat op dezelfde basis de grondvorm voor veel tafelstukken. Hieronder in de tekeningen schematisch weergegeven met tweemaal een 10-basis groen.

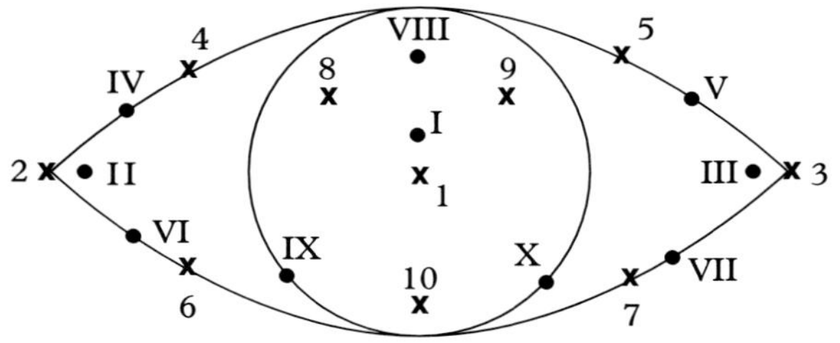

Bovenaanzicht

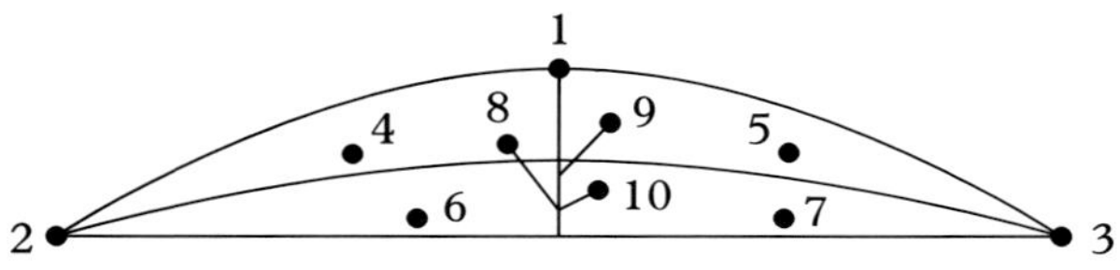

Zijaanzicht

KEGELVORM

Door de 1 extra hoog te zetten ontstaat een kegelvorm. In de tekeningen schematisch weergegeven met tweemaal een 10-basis.

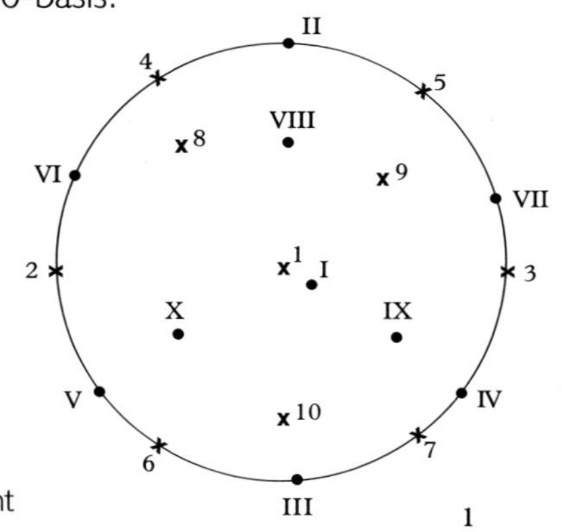

Bovenaanzicht

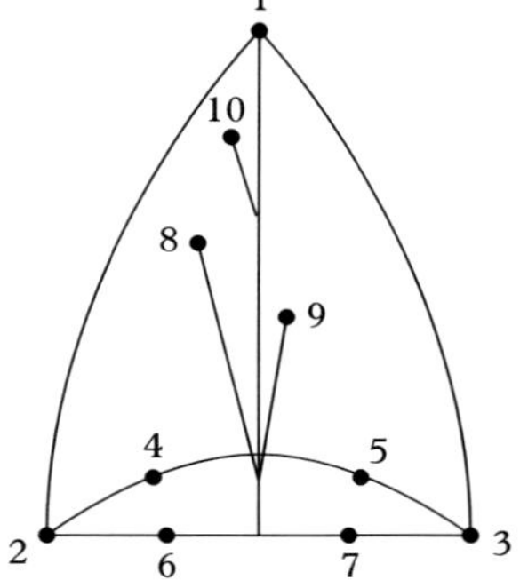

Zijaanzicht

FACING

Als u nu van deze 3 vormen een eenzijdig stuk ('facing' genoemd) wilt maken, werkt u op circa tweederde van de basisvorm. In de tekening ziet u dit weergegeven.

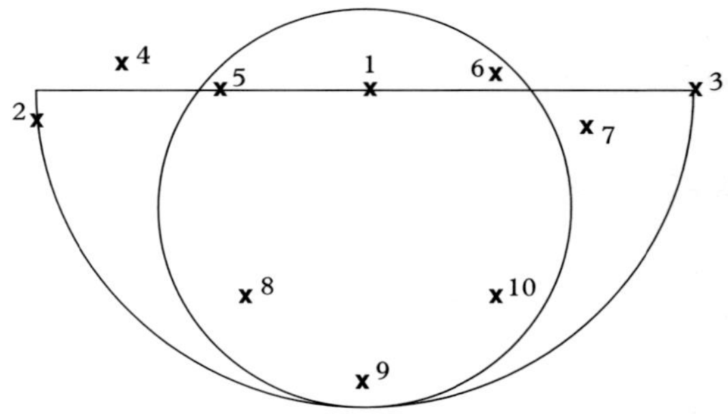

Vooraanzicht

Met de 1 bepaalt u de hoogte van het stuk; met 2 en 3 de breedte en met 4, 5, 6 en 7 verbindt u ook hier weer de hoogte met de breedte.
Om starheid in het stuk te voorkomen plaatst u 4, 5, 6 en 7 niet op één lijn, maar met enige variatie; 8, 9 en 10 worden in waaiervorm naar de zichtzijde gestoken.
De tweede en zonodig de volgende 10-basis voor, achter of naast de eerste 10-basis plaatsen. Bedenk bij een facing dat de rugzijde altijd tegen een muur of spiegel geplaatst wordt.

Als u zich na de grondvormen van de 10-basis wilt buigen over de verschillende stijlen in de bloemsierkunst, dan zult u bemerken dat in veel van de stijlen deze 10-basis goed gebruikt kan worden.
Men onderscheidt 3 hoofdstijlen in de bloemsierkunst:
- klassiek
- modern
- experimenteel.

KLASSIEKE STIJLEN

In de klassieke vorm zijn de driehoeksvorm en de bolvorm de belangrijkste. De varianten die hiervan zijn afgeleid zoals de cirkelvorm, de waaiervorm, de kegelvorm, de stervorm, de ovaalvorm, de ellipsvorm, maar ook de L-vorm en de T-vorm behoren ook tot de klassieken.
Mijn favoriete Hogarth-stijl (ook wel S-lijn), kan eveneens aan dit rijtje worden toegevoegd.
Van de meest toegepaste stijlen volgt hier een korte beschrijving.

De driehoeksvorm

Deze vorm wordt wel de oervorm van het bloemschikken genoemd. Deze vorm kan zowel symmetrisch als asymmetrisch worden opgemaakt.
Het is geen gemakkelijke vorm voor beginners, want alle lijnen moeten binnen de driehoeksvorm blijven.
Het geheel kan snel star overkomen, maar door het werken met kleuren en bladgroepen en andere experimenten, ontstaan vaak prachtige creaties. Vooral als we leren spelen met de vorm en zijn variaties zoals de L-vorm, de T-vorm en de stervorm.

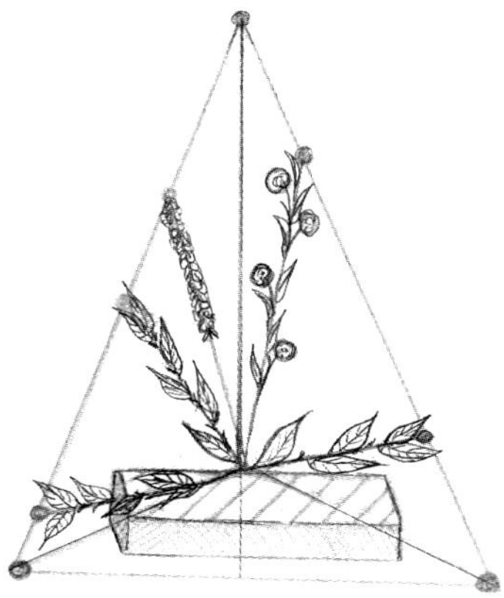

De bolvorm

Deze vorm is de meest gebruikte vorm van de laatste jaren. Als bekendste vorm geldt natuurlijk de biedermeier.
De biedermeiertijd (tussen 1815 en 1850) ontstond na de Franse revolutie. Na wilde, decadente tijden in Europa ontstond de behoefte aan de rust van gelijkmatigheid en huiselijkheid. In Duitsland de biedermeier en in Engeland de Victorian-style.
De klassieke biedermeier werd vaak opgebouwd met één prachtige bloem in het midden en daaromheen compacte bloemenringen. Later ontstond de millefleurs-stijl die luchtiger en meer opengewerkt was.
Ook op de bolvorm zijn vele varianten mogelijk: van compact tot opengewerkt en van perfect rond tot afgevlakt.

Kegelvorm

De kegelvorm is een klassieke vorm die uitdaagt tot veelvuldig gebruik. U kunt met kleine en grote kegels heel leuke composities maken.
De kegel zelf kan opgezet worden met horizontale ringen of verticale banen.

Ook een spiraal die snel of juist langzaam naar de top gaat is een bijzondere uitdaging.
Een kruidenkegel met allerlei groepen of bundeltjes kruiden behoort gelukkig nog steeds tot het hedendaagse.

Hogarth-stijl

Eén van de oudere stijlen bij het klassieke schikken is de Hogarth-stijl. De Engelse schilder William Hogarth (1697-1764) vond de S-lijn de meest sierlijke en evenwichtige lijn.
Bij het bloemschikken zien we helaas dat deze lijn een beetje vergeten wordt, wat niet mag gebeuren. Niet voor niets noemde Aad van Uffelen, de bekende Nederlandse meesterbinder de twee in elkaar overlopende bogen de 'lijn der schoonheid'.
Het werken met deze lijn vraagt enig begrip van lijnen en groepen, maar is zeer de moeite waard en inspireert tot vrij werken.

MODERNE STIJLEN

Bij de moderne stijlen is in tegenstelling tot bij de klassieke de asymmetrie het belangrijkste.
Vol verrassing, vol vorm, vol expressie en veel ruimte en vrijheid. Hierdoor ontstaan de mooiste creaties.

Parallelvorm

De parallelvorm laat de lijnen meestal evenwijdig aan elkaar lopen, waardoor er geen centraal punt ontstaat; een soort doorloper.
De in principe verticale lijnen mogen ook gekruist worden door de horizontale lijnen, hoog of laag, wat de schikking heel speels kan maken.
Vooral het werken met groepen van hetzelfde materiaal geven deze vorm een rustig uiterlijk.
Gelukkig mag u bij deze stijl gebruikmaken van bijna alles; dus ook hier een grote verscheidenheid van combinaties.

Vegetatief-vorm

De vegetatief-vorm is een heerlijke natuurvorm, die staat voor: schik zoals het materiaal in de natuur groeit.
Hiermee verschilt deze manier sterk van de decoratieve bloemsierkunst. Bij deze laatste ontstaat een stuk door de wil en de creatieve geest van de maker.
Bij de vegetatief-vorm maken we ruimschoots gebruik van de andere stijlvormen. Parallelle en lineaire technieken dartelen door onze vegetatieve creatie heen als kruiden in de vrije natuur; soms in groepen, soms solitair.
Of zoals Jan van Doesburg, bloemsierkunstenaar en auteur, zegt: 'Je moet de natuur tentoonstellen'.

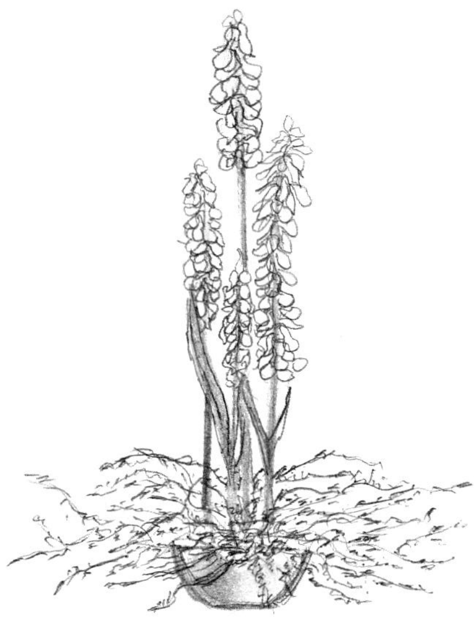

Lineaire vorm

De lineaire vorm is een vorm voor creatieve geesten.
Ruimtelijk lijnenspel, sierlijk of strak, geven vorm aan ieder werkstuk waarin ondergrond en gebruikte materialen sterk met elkaar verbonden zijn.

EXPERIMENTELE STIJL

Hier komt een gezonde portie durf en creativiteit goed van pas.
Elementen van verschillende stijlen worden door elkaar gebruikt. De verwerkte materialen kunnen soms niet vreemd genoeg zijn en vrij van alle regels en techniek komen vaak de mooiste stukken tot stand.
Een stijl die je pakt en vasthoudt, omdat a je creativiteit een uitweg vindt.

CULINAIR SCHIKKEN

Het schikken met groente en fruit is een waardevolle aanvulling op de traditionele bloemschikmethodes.
Het op stok zetten van zware groente of fruit en natuurlijk van alle andere zware objecten gaat als volgt.
Zet het object op twee satéstokken en plaats de stokken in wigvorm in het steekschuim. Bij het insteken van het object worden de twee uiteinden iets naar elkaar gebogen. In het steekschuim duwt de wig zich weer naar buiten en zet zichzelf zo goed vast.

Zacht fruit en groente met steeltjes kunnen het best op draad worden gezet.
Smeer het snijvlak van doorgesneden objecten in met citroensap om verkleuring te voorkomen.

AANVULLENDE TECHNIEKEN

De draadtechniek

Het 'op draad' zetten van bloemen en blad vereist altijd enige oefening. Materiaal wordt op draad gezet zodat we zelf de richting of vorm van bloem of blad bepalen die hij van nature niet heeft. Dit kan met lange stelen (bloemstuk) of met korte stelen (corsage).

Bij bloemen met een gevulde bloembodem, zoals de roos en de anjer, wordt een corsagedraad dwars door de bloembodem gestoken. Knip bij een corsage de steel af op ongeveer twee centimeter onder de bloem. Leg één uiteinde van het draad langs de steel en wikkel het andere uiteinde om de steel en liggende draad heen.

Bij bloemen met een vlakke bloembodem, zoals de chrysant en de margriet, wordt één uiteinde van de corsagedraad een stukje teruggebogen. Steek de lange zijde door het hart van de bloem en trek het teruggebogen einde tot in het hart. De lange kant van de corsagedraad wordt om de steel heen gewikkeld (tekening 1). Bij bloemen zoals fresia's kan het teruggebogen einde heel gemakkelijk om de laatste bloem gelegd worden, waarna het lange einde ook weer om de steel gewikkeld wordt (tekening 2).

Bij holle stelen zoals bij de narcis of gerbera het geval is, wordt de draad voorzichtig door de holle steel heen gestoken (tekening 3).

Tekening 1

Tekening 2

Tekening 3

Bij bladeren wordt vanaf de achterkant van het blad, haaks op circa de helft van de hoofdnerf, de corsagedraad door het blad heen en weer teruggestoken.

Pak het punt van doorsteken tussen duim en wijsvinger. Buig de draden kruislings naar de steel. Leg één draadeinde langs de steel en draai met het andere draadeinde om de steel en liggende draad heen.

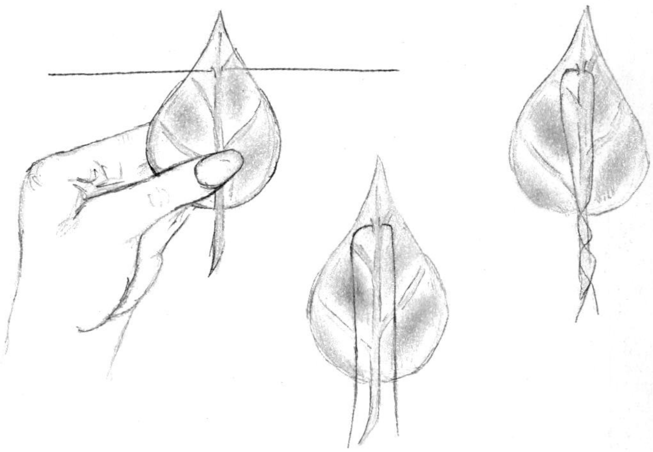

Steek takken van de kronkelwilg in de worteltakkenkrans. Maak lussen van brem en bevestig deze met bloemendraad in de krans. De kalebassen worden tussen de takken geklemd of op satéstokjes (zie blz. 133) gestoken en in de krans verwerkt.

De bindtechniek

Het binden van een krans van groen of blad is niet zo moeilijk, maar ga vooral puntsgewijs te werk.
Sorteer het materiaal in groepen en knip dit op de lengte die nodig is. Lange takken geven een wild, uitbundig resultaat; korte takken houden de krans compact.
Bij het verwerken van toefjes, deze eerst bijeenbinden.
Omwikkel niet-weerbestendige kransen zoals strokransen eerst met brede tape of knip stroken van ongeveer acht centimeter. van een plastic vuilniszak en omwikkel daarmee de krans. Dit verlengt de levensduur van de kransen aanzienlijk en houdt ze beter geschikt voor een tweede leven.
Maak eerst een ophanglus aan de krans vast van een bloemendraad of gewoon een stukje ijzerdraad. Achteraf is dit meestal moeilijk te doen.
Maak de wikkelklos vast aan de krans en bind het materiaal dakpansgewijs. Of u met de klok mee of juist tegengesteld wilt wikkelen is een kwestie van smaak. Probeer uit wat u het gemakkelijkst af gaat.

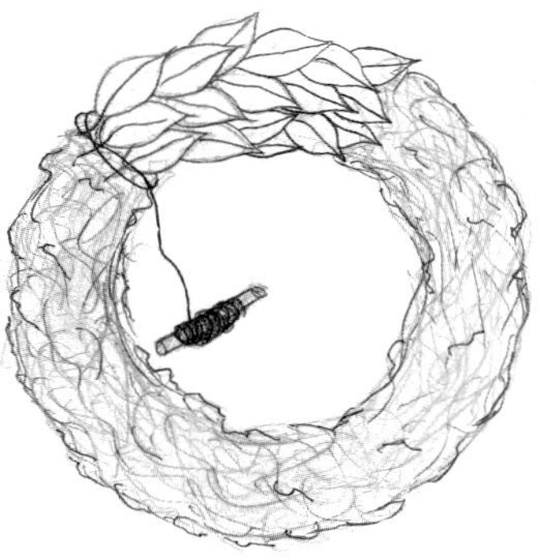

Voor kransen die tegen een wand of muur aan komen hoeft de achterzijde van de krans niet bekleed te worden. Let er wel op dat de binnenzijde en de buitenzijde goed gebonden zijn. Vrijhangende kransen worden rondom gelijkmatig gebonden.

De rijgtechniek

Materialen worden aan linten, touw, ijzer of tak geregen tot een ketting. De materialen kunnen tegen elkaar aan of met tussenruimten geregen worden.

De lijmtechniek

Deze techniek is niet meer weg te denken uit de bloemsierkunst. Het elektrisch lijmpistool met lijmpatronen is hiervoor ingeburgerd. Lijmpistolen zijn te koop bij vele winkels met huishoudelijke artikelen en hobbyzaken. Maar pas op dat goedkoop geen duurkoop wordt. Als u het veelvuldig gebruikt, is een kwalitatieve aankoop aan te bevelen.
Voor de koude methode is er een speciale lijm in de handel die vooral bij levende materialen aan te bevelen is omdat het geen schroeiplekken achterlaat.

Kopen en verzorgen van bloemen

KOPEN

Het is verstandig uw bloemen bij een vakman te kopen die u een constante goede kwaliteit garandeert. Bovendien worden in dit boek soms speciale bloemen en planten beschreven die alleen bij de vakman verkrijgbaar zijn. Het is aan te bevelen bijzondere wensen tijdig met hem te bespreken. Hij kan er dan met zijn veilingaankopen rekening mee houden.

Koopt u bloemen op de markt, in het warenhuis of de supermarkt wees dan attent op de kwaliteit. Let erop dat de bloemen er vers en fris uitzien, zonder hangende hoofdjes. Bloemen en bladeren mogen niet verkleurd zijn of beschadigd en het snijvlak van de stelen niet bruin of ingedroogd.
Laat de bloemen, eenmaal thuisgekomen, in een koele ruimte in schoon, lauw water een uurtje bijkomen voordat u ze verwerkt.

VERZORGEN

Over verzorging van bloemen valt veel te vertellen. U kent waarschijnlijk de verhalen van centen of druppels in het water, het plat slaan van bloemstelen en het knippen of schuin afsnijden daarvan.
Ook boeken geven tegenstrijdige informatie. Iedereen heeft zo zijn eigen ervaringen en gewoontes.

Ik geef u de volgende tips.
- Koop bloemen niet te 'rauw' (teveel in de knop). Vaak komen ze niet uit of verwelken al voordat ze echt gaan bloeien.
- Knip of snijd bij bloemen van bolgewassen het wit van de stelen tot het frisse groen.
- Knip of snijd heester- of bloesemtakken schuin af. Sla ze niet plat, plaats ze wel even in lauwwarm water.
- Zonnebloemen hebben evenals lathyrus, goudsbloemen en gerbera's een harige steel en willen weinig water in de vaas, wel graag lauw.
- Pluk bloemen uit eigen tuin bij voorkeur 's morgens vroeg en zet ze voor gebruik in een emmer koud water.
- Knip uit gladiool, fresia en tuberoos voorzichtig de bovenste bloemknoppen zodat de andere beter opengaan.
- Hangen bloemen slap? Een laatste redmiddel. Zet de schuin afgesneden bloemen een minuut in een laagje zeer heet water. Door de schrik zuigen ze zich vol en leven zo weer op. Laat ze daarna bijkomen in lauw water alvorens ze verder te verwerken. Het lukt niet altijd, maar het is het proberen waard.
- Rozen blijven langer goed als er niet teveel bladeren aan de steel zitten.
- Laat in de herfst eiken-, beuken-, klein laurierblad en Eucalyptus uit de tuin in bosjes van tien stuks 48 uur in een mengsel van 60% heet water en 40% glycerine staan. Hang ze daarna op of zet ze droog weg in een vaas of pot.
Zo heeft u in de winter een geprepareerde bladvoorraad en hoeft u deze niet te kopen.
- Omwind dikke holle stelen zoals van de amaryllis die in steekschuim worden gestoken met plakband om splijten te voorkomen. Prik even voor met een stokje in het steekschuim.
- Vul grote holle stelen met water en sluit ze af met een propje watten. Plaats ze daarna in water of steekschuim.
- Houd bloemen waarvan de stelen een melkachtig sap verliezen zoals de euphorbia direct na het op maat snijden circa 15 seconden in een beker met water van 90 °C.
- Rozen komen beter uit als ze niet met teveel blad worden verwerkt.
- Knip narcissen af en zet ze 24 uur apart in koud water of voeg speciaal bloemenvoedsel toe alvorens ze met andere bloemen te verwerken. Snijd ze niet opnieuw af.

Welk gereedschap en welke hulpmiddelen we bij het bloemschikken gebruiken hangt af van de mate waaraan we aan deze hobby verslingerd raken. U kunt zelf bepalen wat u nodig heeft en wat misschien aangeschaft kan worden met een groepje vrienden of vriendinnen (lotgenoten).

GEREEDSCHAP

Bloemenschaar
Onmisbaar voor het knippen van bloemstelen, dunne takken en dun binddraad. De schaar heeft aan één kant een kartelsnede.

Bloemistenmes
Of scherp aardappelmesje om bloemen te snijden en stelen schoon te maken.

Draadtangetje
Voor het knippen van zwaar binddraad en ijzerdraad.

Huishoudschaar
Voor het knippen van plastic, touw en linten.

Lijmpistool en patronen
Tegenwoordig onmisbaar in de bloemsierkunst.

Plastic emmer
Voor het opslaan van vers materiaal.

Snoeischaar
Voor het knippen van dikke takken of zware stengels. Knip er vooral geen ijzerdraad mee, tenzij de snoeischaar voorzien is van een draadgleuf.

HULPMIDDELEN

Van de hulpmiddelen is steekschuim het meest bekend. We spreken vaak van 'oasis' maar dat is in feite een merknaam.

Steekschuim
Is een poreuze kunststof dat in vele maten en vormen wordt aangeboden: kransen, blokken, bollen, kegels, graftakhouders en vele andere vormen voor speciale doeleinden gemaakt.

Groenkleurig steekschuim is speciaal voor verse bloemen en groen. Het kan voldoende water opnemen en gedoseerd weer afgeven aan de verse bloemen.
Leg het steekschuim in ruim water en laat het zich in enkele minuten volzuigen. Als het verzadigd is, zinkt het vanzelf naar beneden. Nooit onderduwen! Er kunnen dan in het steekschuim luchtbellen ontstaan waarin geen water meer kan komen. Komt de bloemsteel in zo'n luchtbel dan krijgt hij geen water en de bloem hangt snel slap.
Laat ook de waterstraal uit de kraan niet rechtstreeks op het steekschuim lopen, want dit heeft hetzelfde effect.
Houd tijdens de levensduur van het werkstuk het steekschuim goed nat met water waaraan snijbloemenvoedsel is toegevoegd. Eenmaal ingedroogd steekschuim kan niet meer opnieuw worden gebruikt, want het neemt dan geen water meer op.
Bewaar nat ongebruikt steekschuim in een afgesloten plastic zak of doos.
Bruingrijs steekschuim (oasis-sec) is speciaal voor droog werk, zoals droogbloemen en zijden bloemen. Dit steekschuim is direct klaar voor gebruik en is ook in vele vormen en maten verkrijgbaar.

Bloemendraad
Bloemendraad is verkrijgbaar met een dikte van 0,3 tot 1½ millimeter en in variabele lengtes (ca. 30 tot 40 centimeter).
Bloemendraad is groen gelakt zodat het bijna niet opvalt in het stuk en om roesten te voorkomen.
Voor zeer tere bloemen is er zilverdraad met een dikte van 0,28 millimeter verkrijgbaar. De dikte 0,4 millimeter noemen we corsagedraad.
Poken is vakjargon voor bloemendraad dat dikker is dan 10 millimeter.

Kippengaas
Kippengaas wordt veel gebruikt om vazen met een grote opening geschikt te maken voor het insteken van takken

Gereedschap en andere hulpmiddelen.

of bloemen. Zelf gebruik ik het alleen als steun over een groot stuk steekschuim als daar veel en zwaar materiaal in wordt gestoken.

Bij het opmaken van een wijde vaas of pot of zelfs ooit een babybadje gebruik ik bij voorkeur een ander handigheidje. Plak met plakband of watervast tape een roostervorm over de opening. Voor een kleine emmer is tweemaal horizontaal en tweemaal verticaal al voldoende. Er ontstaan dan negen steekopeningen.

Maak bij grotere objecten meer steekopeningen. Zo kunnen grote glazen vazen ook mooi opgemaakt worden zonder dat u het storende kippengaas er doorheen zult zien.

Kippengaas is bovendien erg handig voor het maken van figuren. Dit kunnen topiary figuren zijn of guirlandes gevuld met bijvoorbeeld sphagnum.

Kunststof prikkers met kling

Het meest gebruikte type bestaat uit een plastic schijfje met vier punten, dat met kleefstof (kling) op de bodem van de vaas of schotel wordt vastgezet, zodat het steekschuim niet meer van de schaal afschuift tijdens het verplaatsen van het bloemstuk. De kleefstof wordt door de warmte van de handen geactiveerd. De groenachtige massa is op rollen verkrijgbaar en is eenzijdig beschermd met een papierlaagje dat u moet verwijderen. Kling laat zich van niet-poreuze oppervlakken gemakkelijk weer verwijderen.

Wikkelklos

Dit is een klosje dun ijzerdraad en in vele uitvoeringen verkrijgbaar. Het normale onbehandelde draad roest bij buitenwerk snel door.

Het geplastificeerde is er niet alleen in groen, maar ook in vele andere kleuren.
Tegenwoordig is er voor decoratief gebruik ook dun sierdraad in mooie glimmende kleuren.

Bloementape of corsageband (caoutchouc)
Dit tape kleeft zichzelf vast door de warmte van uw handen tijdens het omwikkelen. We gebruiken het voor het omwinden van corsages of kleine boeketten.

Watervast tape
Dit is ideaal om op lastige plaatsen of met groot werk het steekschuim vast te zetten op de ondergrond.
Ook voor het maken van een roostervorm over grote vaasopeningen is het zeer geschikt.

Bindmaterialen
Raffia, touw, plastic draad, ijzerdraad en lint worden gebruikt om materiaal vast te zetten. Ook als decoratie zijn deze materialen niet meer weg te denken.

Krammen
Deze zijn er in vele maten (van drie tot en met elf centimeter) te koop en ze worden gebruikt om materiaal vast te zetten op de ondergrond.

Satéstokken of houten tonkin-stokken
Groente, fruit, kastanjes en vele andere materialen worden om te verwerken op stokken gestoken.
Steek in zwaar materiaal altijd kruislings twee stokken. Door de uiteinden van de stokken naar elkaar toe te buigen en ze zo onder spanning in het steekschuim te steken blijft het materiaal beter zitten dan op één stok. Gebruik liever geen ijzer, daar glijdt het materiaal snel vanaf.

Strokransen
Dit zijn stevig gebonden kransen van stro in diverse maten en ze vormen een prima ondergrond voor veel creaties.

Kaarsen
Deze worden vaak in bloemstukken verwerkt. Denk bijvoorbeeld aan tafelstukken.
Kaarsen zijn er in vele vormen en kleuren die u goed kunt combineren met de gekozen bloemen. Ook zijn er speciale kaarsenhouders van kunststof of ijzer die gemakkelijk in het bloemstuk of in de krans gestoken kunnen worden.
Heeft u deze niet, verwarm dan een dikke bloemendraad en steek deze onderin de kaars. Bij dikkere kaarsen meerdere stukjes bloemendraad insteken.
Kaarsen die vuil zijn kunnen met een warme doek opgewreven worden tot ze er weer prachtig uitzien.

Ondergronden
Veelvuldig bezoek aan rommelmarkten voorziet mij heel goedkoop van de meest bijzondere ondergronden.
Manden kunnen voor bloemschikken alleen gebruikt worden als de binnenkant is bekleed met plastic of er moet een binnenpot in geplaatst kunnen worden.
Metalen vazen worden het liefst gebruikt met een binnenpot of binnenvoering (plastic).
Glaswerk heeft een grote variatie: van borrelglas tot accubak en van kristallen bokaal tot cilindervaas. Doorzichtig of gekleurd geeft een chique uitstraling aan het werkstuk. Doorzichtig glas is mooi als de stelen van een boeket keurig geschikt zijn, zo niet gebruik dan huishoudfolie langs de binnenkant van de vaas.
Bij gebruik van steekschuim in doorzichtig glas zullen een paar lagen gekreukeld huishoudfolie tussen glas en steekschuim een speciaal effect geven. Zorg er wel voor dat de ondergrond goed schoon is.
Borstel vuile vazen goed schoon met een lichte chlooroplossing en spoel ze grondig na. Diepe vazen of vazen met veel ribbels of hoekjes worden goed schoon met een Steradent-tablet. Spoel ze grondig na.

Waar verkrijgbaar?
De meeste van bovengenoemde materialen zijn verkrijgbaar bij de bloemist. Ook tuincentra bieden tegenwoordig een gevarieerd pakket gericht op de amateurbloemschikker. Op cursusplaatsen vindt u meestal een breed assortiment van specialistische materialen.

Potten, vazen, manden en schalen zijn alle geschikt als ondergrond voor een werkstuk.

Register

Betty Kessing
Telefoon 0343 - 416131
Fax 0343 - 417283

Decoratieadviezen voor bedrijf, huis en tuin

Bloemschikcursussen

Decoratiecursussen

Bedrijfsbloemwerken

Bloemwerken

Omslag voorzijde:
Simpel of simpel? (blz. 26)

Omslag achter (van boven naar beneden met de klok mee):
Barokke Schoonheid (blz. 56)
Een vogelvrije dame? (blz. 78)
Geen gevulde pompoen (blz. 103)
Vogel op nest (blz. 28)
Valentijnsdag raakt ingeburgerd (blz. 24)
Scharrelen (blz. 70)

Tekst en decoraties: Betty Kessing
Tekeningen: Nanalisa Kessing
Omslagontwerp en vormgeving binnenwerk: Julie Bergen
Fotografie: Gerhard Witteveen

Derde druk, 1998

ISBN: 90 269 3595 1
NUGI: 411